Karl von Görner

Der Hans Wurst-Streit in Wien und Joseph von Sonnenfels

DOGMA

Karl von Görner

Der Hans Wurst-Streit in Wien und Joseph von Sonnenfels

ISBN/EAN: 9783955076801

Auflage: 1

Erscheinungsjahr: 2012

Erscheinungsort: Bremen, Deutschland

DER

HANS WURST-STREIT

IN WIEN

UND

JOSEPH VON SONNENFELS.

VON

DR. KARL von GÖRNER.

WIEN, 1884.

BEI CARL KONEGEN.

VORWORT.

———

In dem nachfolgenden Schriftchen habe ich eine über-
sichtliche Darstellung des Streites wider den Hans Wurst,
der das literarische Wien ein halbes Jahrhundert beschäf-
tigte, zu geben versucht. In der Mitte derselben steht, wie
überhaupt in der Mitte der ganzen damaligen literarischen
Bewegung Wiens, Joseph von Sonnenfels. Sollte aber ein
möglichst abgerundetes Bild der ganzen Bewegung geboten
werden, war es nothwendig, sowohl die frühere Periode zu
berücksichtigen, als auch in Bezug auf Sonnenfels dessen
dramaturgische Ansichten überhaupt, vornehmlich aber in
Bezug auf das Lustspiel, zu streifen.

Als ich diese Arbeit, welche als Doctorsdissertation
der Prager Universität eingereicht wurde, begann, waren
nur spärliche Vorarbeiten vorhanden. Unmittelbar nach
Vollendung derselben aber erschienen die beiden Biographien
Sonnenfels' von Kopetzky und Willibald Müller. Sie zwangen
mich, Einiges aus der Arbeit auszuscheiden, Manches aber
musste, trotzdem es an einem der beiden Orte bereits ver-

öffentlicht, stehen bleiben, um den Zusammenhang nicht zu stören.

Da ich diese Erstlingsarbeit der Oeffentlichkeit übergebe, drängt es mich noch, meinem verehrten Lehrer, Hrn. Prof. Dr. Joh. Kelle, meinen Dank für manchen freundlichen Wink bei deren Abfassung auszusprechen.

Prag, Mai 1884.

UEBERSICHT.

1.

Im Jahre 1708 wurde in Wien das erste ständige deutsche Theater vom Magistrate erbaut,[1]) während sich vorher nur das wälsche eines eigenen Heims erfreut hatte. 1712 übersiedelte es von der Teinfaltstrasse in das neue Theater nächst dem Kärntnerthore und in demselben Jahre hielt auch Stranicky mit seiner Hans Wurst-Figur seinen Einzug in dasselbe. Josef Anton Stranicky wird oft als der Erfinder dieses ersten deutschen Narren bezeichnet. Dieses ist wol nicht richtig,[2]) sicher ist aber, dass er der alten komischen Person ein neues Kleid anzog. Er nahm dafür die alte Maske des deutschen Narren, eines dummwitzigen Bauern, dem er speciell die Salzburger Tracht, die kernige Ausdrucksweise der Aelpler gab, und nationalisierte auf diese Weise wieder den italienischen Possenreisser. Es ist wol nicht zu läugnen, dass auch damit schon ein Fortschritt gemacht war, wenn sich nur Hans Wurst von dem rohen Witze, den pöbelhaften Scherzen und Zweideutigkeiten des italienischen Vorgängers hätte ebenfalls befreien können. Aber all' das zotenhafte Wesen und der blühende Unsinn war auch auf ihn übergegangen und blieb seither ein Vorrecht der Pritsche.

---

[1]) Geschichte und Tagebuch der Wiener Schaubühne. Herausgegeben von Jos. Heinr. Friedrich Müller, Mitgliede der k. k. Nationalschauspielergesellschaft, Wien 1776.

[2]) Dies bezweifelt schon Schmidt (Professor in Giessen) in seiner „Chronologie des deutschen Theaters, 1775". Dass der Charakter uralt ist, vide Weinhold: Ueber das Komische im altd. Schauspiel, Gosche, Jahrb. f. Litg. I, 1.

Diese Nationalisierung der komischen Figur, die in
Wien, wie sonst nirgends, mitten aus dem Volke geschöpft
war, bildete auch den Grund, warum der Hans Wurst hier
so lange allen Angriffen erfolgreichen Widerstand leisten
konnte, und wenn Lessing meint: „Er ist ein ausländisches
Geschöpf", so hat dies auf den Wiener Hans Wurst keinen
Bezug, der aus einer fremden Nachbildung bald ein Ein-
heimischer geworden war. Stranicky[1]) beherrschte das leicht-
lebige Wesen der Wiener vollständig und erspielte sich mit
seinen von ihm selbst extemporierten und verfassten Stücken
zwei Häuser in Wien.[2]) Seine Possen und Scenen gab er
unter dem Titel heraus: „Olla potrida des durchgetriebenen
Fuchs Mundi, worin lustige Gespräche, angenehme Begeben-
heiten, artliche Ränke und Schwänke, kurtzweilige Stichel-
reden, politische Nasenstüber, subtile Verirrungen, spindisierte
Fragen, spitzfindige Antworten, curiose Gedanken, kurtzweilige Historien, satyrische Puff zur lächerlichen doch ho-
netten Zeitvertreib sich befinden. Ans Licht gegeben von
Schalk Terrä, als des obbesagten ältesten hinterlassenen, resp.
Stiefbruders, Vetter Sohn. In dem Jahr, da Fuchsmundi feil
war, 1722."[3]) Ich gebe diesen langen Titel, da er alle Ingredienzien, aus denen Stranickys Stücke bestanden, aufzählt.

Schon 1725 sah sich Stranicky, da er selbst zu altern
begann, nach einer Hilfe um und verschrieb sich dazu Gottlieb Prehauser, dem er am 26. August auf offener Bühne,

---

[1]) Stranicky, in Breslau geboren, war ein gebildeter Mann, der
studirt hatte und von der Leipziger Universität aus sich dem Theater
widmete. Seine Ausbildung gewann er in Italien.

[2]) „Wovon das eine auf dem Salzgries noch itzt das Hanswurstige
Haus und das andere in der Vorstadt Margarethen der Hannswurstische Sal
genannt wird." J. H. F. Müller a. a. O.

[3]) Darüber, sowie über Stranickys Reisebeschreibung: Fz. Gräffer,
Kleine Wiener Memoiren, 1845, I, 157. Wurzbach, Biogr. Lex. Titeln
seiner Komödien bringt R. Genée: Lehr- und Wanderjahre des deutschen
Schauspiels, 1882, S. 345. K. Weiss, Wiener Haupt- und Staatsactionen.
Ein Beitrag z. Gesch. d. deutsch. Theaters, 1854.

nachdem er unter Thränen von dem gerührten Publicum
Abschied genommen hatte, Hut und Pritsche feierlich übergab, womit er ihn zu seinem Nachfolger einsetzte. Prehauser
hatte bereits früher neben Stranicky gewirkt, nun eroberte
er bald alle Herzen. Stranicky starb 1727[1]) und eine neue
Direction, Borosini und Selliers,[2]) übernahm das Theater.
Die Herrschaft des Hans Wurst war übrigens keine
vollständig concurrenzlose. Feuerwerke und Thierhetzen[3])
fügten ihm oft empfindlichen Schaden zu, fremde Truppen,
wie italienisches Singspiel und Burleske, späterhin das französische Theater machten ihm das höhere Publicum abwendig,
und wir werden sehen, wie mit letzterem die deutsche Bühne
bis gegen das Ende des Jahrhunderts im Kampfe lag. Bald
aber erstand ein Feind im eigenen Hause: das regelmässige
Stück. Zehn Jahre nach der Leipziger Verbannung des Hans
Wurstes wurde das erste regelmässige Stück: „Die aleman-
nischen Brüder" von Krüger in Wien aufgeführt. Selliers
begann nach Deutschland hinauszublicken und 1748 begann
ein grosser Schauspielerzuzug aus dem Auslande. Mehrere
Mitglieder der ehemaligen Neuberischen Truppe beginnen
in Wien die Tradition ihrer alten Principalin fortzupflanzen,
ja Koch bedingt sich im Contracte ausdrücklich, nur in regelmässigen Stücken spielen zu müssen. Mit ihm zugleich kamen
Heydrich und die Lorenz.[4]) Um sie sammelten sich die Ver-

---

[1]) Oder 1728. Das Jahr, das Gräffer a. a. O. angiebt, 1735, ist
sicher falsch.

[2]) Da sie beide Italiener waren, wurde von da an die Direction
auch Impresa bezeichnet.

[3]) Dies barbarische Vergnügen dauerte bis 1796, wo das Hetzamphi-
theater unter den Weissgärbern abbrannte. Eine Zeitlang war das Privi-
legium der Thierhetze mit dem Theater verbunden (z. B. unter d'Affligio).
Das Theater war 1755 aufgebaut worden und zuletzt verfertigte der
„Dichter" Rautenstrauch die Hetzzettel. Vergl. dazu: Jaro Pawel, Die litt.
Reformen des XVIII. Jahrhunderts, Wien 1881, und Fz. Gräffer a. a. O.
II, 144 und 162 (Eine bluttriefende Ankündigung).

[4]) Die Lorenz später als Huberin eines der bekanntesten Mitglieder
der Bühne.

theidiger der neuen Richtung, während das Extempore an Prehauser und Weisskern, von denen Beide selbst theils eine Menge Stegreifkomödien verfertigten theils aus dem Italienischen für die deutsche Bühne bearbeiteten, seine Fürsprecher fand.

Trotz aller Bemühungen aber wollte das regelmässige Schauspiel keine Wurzel fassen, obgleich am 18. Februar 1748 der „sterbende Cato" [1]) unter grossem Beifall in Scene gieng· und die Kaiserin es selbst zu sehen verlangt hatte, woraus einige Gottschedianer sogar die Hoffnung schöpften, den Leipziger Dictator nach Wien übersiedeln zu sehen. Koch [2]) verzweifelte an dem Beginnen, die Wiener Bühne zu verbessern, und gieng 1749 bereits wieder ab.

Das Einzige, was erreicht wurde, war, dass die Zügellosigkeit der extemporierten Stücke doch in Etwas eingeschränkt wurde. 1751 wurde die Censur eingerichtet, dieselbe konnte aber nur zum Schaden der regelmässigen Stücke wirken, denn mit dem Gerippe der extemporierten konnte sie nichts anfangen, und dass diese von ihrer Freiheit den ausgedehntesten Gebrauch machten, beweist der Befehl der Kaiserin (17. Februar 1752), [3]) „dass keine anderen Vorstellungen, als welche entweder aus dem französischen, wälischen oder spanischen Theater herfliessen oder in deutscher Sprache wol ausgearbeitet befunden werden, auf dem hiesigen Theater zu producieren gestattet seien, folglich alle Compositionen von dem sogenannten Bernardon, wie alle dergleichen mehr zum Aergerniss des Publici als zur Einpflanzung einer guten Moral reichenden albernen Erfindungen durchgehends und für alle Zeiten verboten sein; es wäre denn, dass von dem Komiker Weisskern eine oder die andere wol ausgearbeitete Piece zum Vorschein käme, welche jedoch eher genau durchgegangen werden soll; überhaupt solle jede équivoque und der

---

[1]) Siehe darüber: Jaro Pawel a. a. O.
[2]) Ueber Koch und die beiden anderen: v. Reden-Esbeck, Caroline Neuber, 1881.
[3]) Dr. Wlassak, Chronik des Burgtheaters, Wien 1876, S. 14.

Ehrbarkeit zuwiderlaufende unfläthige Redensart unfehlbar vermieden und den Komödianten sich deren zu gebrauchen bei schwerster Bestrafung nachdrucksam verboten werden." Dieses Hofdecret half nicht viel; wol hatte es die extemporierten Stücke hiemit abgeschafft, aber nicht die extemporierten Rollen, und der Hans Wurst und seine Genossen extemporierten nicht nur in der Burleske, der vier Tage in der Woche eingeräumt waren, sondern auch an den beiden anderen, welche seit 1751 dem regelmässigen Stücke (und zwar Dienstag Lustspiel, Donnerstag Trauerspiel) überlassen wurden, fröhlich weiter. Denn nicht genug daran, dass in jedem regelmässigen Stück Hans Wurst in einer Bedientenrolle beschäftigt wurde, es musste sich überhaupt eine Bearbeitung von Seite irgend eines Schauspielers gefallen lassen. Auch Lessings Sarah [1]) (1. October 1763) musste über sich dasselbe Schicksal ergehen lassen.

Unter der Direction des Grafen Durazzo [2]) erfolgte ein Rückschlag.

Der Schauspieler Josef Felix Kurz [3]) war nämlich zum ersten Male in einer komischen Rolle mit einer neuen komischen Figur Namens Bernardon aufgetreten und hatte darin

---

[1]) Der Hans Wurst trat als Mellefonts Bedienter (im Stücke Norton) auf. Der Theaterzettel zeigt an: „Neues bürgerliches Trauerspiel in 5 Handlungen. Aus dem Englischen gezogen. Betitelt: Mis Sarah und Sir Sampson. Mit Hans Wurst, des Melefonts getreuen Bedienten. Dargegeben von Christiana Friderica Huberinn, geborne Lorenzin." Vide darüber: H. M. Richter, Geistesströmungen, Berlin 1876, S. 240.

[2]) Hatte die Leitung mit Grafen Eszterházy seit 1752, allein 1754. In Bezug auf die äussere Geschichte der Wiener Bühne ist stets auf Dr. Wlassak, Chronik des Burgtheaters, zu verweisen. Ich gebe hier kurz die Uebersicht der Directionsführung in dem hier behandelten Zeitraume: 1708 bis 1748 Selliers, 1748—1752 Baron Roco de Lopresti, 1752 Hauptdirection Graf Franz Eszterházy, Assistent Graf Jacob Durazzo, 1754 Durazzo allein, 1764 Graf Wenzel Spork. Unter diesem pachtet das deutsche Theater Hilverding 1766, 1767 d'Affligio, mit ihm 1769 Freiherr von Bender, der bis September des Jahres das deutsche Theater führt, dann Gesellschaft d'Affligio, Lopresti, Gluck, 31. Mai 1770 Graf Kohary.

[3]) S. Wiener Neudrucke, Nr. 2, 1883, Einleitung.

sein komisches Talent entdeckt. Er folgte nun dem Beispiele seiner Zeit und behielt diesen Namen auch fernerhin als Eigenthum bei, ähnlich wie wir in Wien allein eine Menge solcher Charakternamen vorfinden, die sich um den Hans Wurst und Bernardon schaaren, so der Jackerl (Gottlieb), Leopold (Huber), Lipperl, Peterl, Burlin, Kasperl, eine vordem auch im übrigen Deutschland allgemeine Sitte. Nun trat Bernardon bald in den Vordergrund, und wie früher Hans Wurst, so figurierte nun er in allen Titeln: „Eine ganze sehr geraume Zeit war nun nichts auf der Bühne als Bernardons Unglücksfälle, Bernardon der 30jährige ABC-Schütz, Bernardons Versprechen, Heirat, mit einem Worte Bernardons Leben und Tod, wo manchmal sich die besten Dichter in den erbärmlichsten Parodien mussten verhunzen lassen, war der ewige Inhalt der Theatervorstellungen — und die Schaubühne war immer zum Erdrücken voll." [1]) Die Ingredienzien der Stücke Bernardons waren Flugwerke, Verkleidungen, Kinderpantomimen, Arien und italienische und böhmische Liedchen, endlich war das Ende vom Liede stets eine Prügelei, womit jeder Act geschlossen wurde. Ebenso wurden Ballete in Menge eingestreut.

„Den Vortheil der Schauspieler in Erwägung gezogen, waren die Bernardonischen Komödien nach den Grundsätzen übermachtester Oekonomie verfertigt. Denn Fliegen, die Arien, eine Maulschelle wurden dem Schauspieler unter dem Namen: ‚Nebengefälle‘ besonders bezahlt. Es war also natürlich, dass ein Schauspieler sich und den Seinigen viel zu singen, viel zu fliegen gab und seine Stücke auf Maulschellen arbeitete, wovon er sich gewiss die meisten zuschrieb." [2]) Für ein Stück mit Arien wurden 12 Gulden, ohne Arien 6 Gulden, für jede Wiederholung 2 Gulden gezahlt. Trotz dieses anscheinend geringen Honorars verdiente der Dichter der vielen Repetitionen wegen immerhin viel Geld.

---

[1]) Briefe über die Wiener Schaubühne. (Ges. Schr., II, 375.)
[2]) Sonnenfels, Ges. Schr., 1783—1787, II, 378.

Prehauser war bald gezwungen, mit dem neuen Sterne, Bernardon, zu rechnen, ja endlich sogar einen Vertrag auf Theilung mit ihm einzugehen. Seither wirkten Hans Wurst und Bernardon in allen Stücken nebeneinander und spielten sich beide in die Gunst des Publicums, bis Bernardon 1760 plötzlich Wien verliess. Hans Wurst trug stets seine traditionelle Kleidung, bunte Jacke und grünen Hut, während die übrigen Narrenfiguren nicht so stereotyp in ihrem Aufzuge waren.

Nach dem Abgange Bernardons versuchte ein Schauspieler unter dem Namen Burlin [1]) an seine Stelle zu treten, aber mit wenig Glück.

Die Zeit für die Neuschaffung solcher Figuren schien bereits vorüber zu sein und nur Prehauser und Weisskern (erst Hans Wurst, dann ältere Rollen unter dem Namen Odoardo) behaupteten sich bis an ihr Lebensende, mussten aber zuletzt doch theilweise zu den regelmässigen Rollen übergehen.

II.

Nur innerhalb der Schauspielerkreise war bisher der Kampf geführt worden; ein weiteres Decennium musste verfliessen, ehe ihnen von aussen Hilfe gebracht wurde, nachdem bereits das ganze Ausland Wien als bleibende Herberge des Hans Wurstes anzusehen sich gewöhnt hatte, „der sich vermuthlich zum ewigen Denkmal des Geschmackes unserer Voreltern auf dem Theater der Hauptstadt des deutschen Reiches erhalten zu wollen scheint". [2])

---

[1]) Wer Burlin war, ist mir nicht bekannt. Sein Name wird meines Wissens nirgends genannt, es heisst immer nur „ein erbärmlicher Possenreisser" etc., wie er überhaupt immer als ein ziemlich unbedeutender Komiker geschildert wird. Die Chronologie S. 217 nennt ihn ebenfalls nicht bei Namen, sondern constatiert nur: „weder Action noch seine Stücke hatten Bernardons Glück."

[2]) Wieland, Agathon II. (Hempel, III. Theil, S. 32.)

Im Jahre 1760 erhob sich die erste Stimme für die Sittlichkeit der Wiener Schaubühne gegen Bernardon. Jos. Heinrich von Engelschall [1]) gab seine „Zufälligen Gedanken über die deutsche Schaubühne in Wien" heraus und schrieb auch Einiges in die „Briefe über die neueste Literatur". Heyden,[2]) der bereits vor ihm in seiner sehr ephemeren Zeitschrift „Wiener gelehrte Nachrichten" gegen den Hans Wurst aufgetreten war, hatte ebenso wenig zu wirken verstanden, als die in Zeitschriften da und dort verstreuten Bemerkungen und Aufsätze eines v. Petrasch, Wächtler, v. Scheyb, Quandt u. A.

Alle diese gehörten der rein Gottschedischen Schule an, und diese schien, vielleicht nicht zum geringsten Theil durch das schauspielerische Fiasco der Neuberin [3]) in Wien, vollständig ohnmächtig dem herrschenden Geschmacke und den komischen Talenten Prehausers etc. gegenüber.

Den Kampf mit fester Ueberzeugung und Beharrlichkeit begann die „Welt"[4]) aufzunehmen, die erste Wochenschrift Oesterreichs, von Klemm[5]) und Herrl[6]) herausgegeben, die

---

[1]) K. k. w. Rath und selbst Dichter (u. A. des fälschlich Heyden zugeschriebenen „Graf Unhold", s. J. H. F. Müller a. a. O.). Der Fehler ist aus Schmidts Chron. in alle neueren Schriften übergegangen; s. de Luca, das gel. Oesterreich.

[2]) „Ein Leipziger Magister, der in Wien um baares Geld Verse und Prosa schrieb und zu der Zeit in Wien ein gelehrtes Ansehen erwarb, mehr denn mittelmässige Talente in etwas besserem als Gottschedischem Sinne besass." Bibl. der öst. Literatur 1769 I.

[3]) Ueber das Auftreten der bereits alten Neuberin, die noch dazu des Spielens entwöhnt war, s. v. Reden-Esbeck a. a. O. S. 337.

[4]) Erschien 1762 (die Ankündigung am 12. Januar) bis 1763. 4 Bände. Gervinus giebt fälschlich 1752 an, was J. Pawel a. a. O. eben so unrichtig in 1764 corrigiert. Dieser Fehler stammt aus de Luca, Das gel. Oesterreich, der sich mit Klemms „Patriot" irrte.

[5]) Christoph Gottlieb Klemm, geboren zu Schwarzenberg in Sachsen 1736, Todesjahr unbekannt, kam 1759 nach Wien als Corrector der Trattner'schen Buchdruckerei. S. Wurzbach, Biogr. Lex.

[6]) Herrl wird in der Bibl. der öst. Literatur sogar allein als Herausgeber bezeichnet.

.erste Frucht der 1761 von Riegger, Sonnenfels, Bob ¹) u. s. w. gegründeten Deutschen Gesellschaft.²)

Sonnenfels selbst stand nur in einem äusserlichen Verkehr zu der „Welt", obgleich er, wie aus seinen ersten Zuschriften hervorgeht, an der Gründung indirect mit Antheil genommen. Seine Beiträge erwähnen das Theater gar nicht, erst eine spätere Zuschrift kommt auf diese Materie zu sprechen. Klemm arbeitete in seinen Aufsätzen auf die Pflege der Muttersprache hin und nur in seinen Skizzen aus dem Wiener Leben begegnen wir einmal³) der folgenden: „Harm ist Schauspieler. Er hatte eine Anlage zur gesunden Vernunft, da er aber sah, dass es Leute gab, die unendlich mehr Genie, mehr gute Einsichten als er besassen, so wurde er Possenreisser. Er sträubt sich mit Lunge und Füssen dagegen, wenn man die Schaubühne zu dem, was sie sein soll, zu einer Tugendschule machen will. Sein Herz ist dadurch boshaft geworden, denn er muss sich oft der niederträchtigsten Kunstgriffe bedienen, um die Schande der Bühnen, das Bourlesque und das Zotenhafte aufrecht zu erhalten. Doch findet er zu seinem Glücke treue Anhänger und die Cassen stehen wohl dabei. Aber wie wird es unserem Harm ergehen, wenn die gesunde Vernunft einmal durch alle diese Chicanen hindurchdringen und einen glänzenden Sieg davontragen wird? Harm wird eine erbärmliche Rolle dabei spielen." Diese ganz allgemeine Charakteristik ist augenscheinlich gegen Burlin gerichtet, der über-

---

¹) Franz Josef Bob, geboren 1733, gestorben 1802, kam 1756 nach Wien und gieng 1767 als Professor der Rhetorik nach Freiburg, S. Wurzbach.

²) Gegründet von Professor von Riegger, in dessen Hause sie sich auch versammelte. Haslinger, Khauz, Spielmann und die Genannten, Sperger, Thugut gehörten ihr an. Die Anzeige verfasste Sonnenfels, Nikolai wurde sie durch das Pariser Journal étranger bekannt. Die Gesellschaft wirkte ziemlich viel Gutes, jedoch meist nur secundär, durch allgemeine Hebung des Geschmackes.

³) I. Bd., XXV. Stück.

haupt das specielle Object der Angriffe der „Welt" ist, während Prehauser fast absichtlich verschont wird. Man schien sich damals noch nicht gegen die ganze Gattung, sondern vorläufig nur gegen einen schlechten Vertreter derselben zu wenden.

Das XXIX. Stück brachte einen Pressburger Theaterzettel,[1] der eine „Hans Wurst-Komödie nach Wiener Art" anzeigt. Wohl verwahren sich die Verfasser der Wochenschrift dagegen, dass dies wirklich ein Wiener Stück sei und bemerken, „der Hans Wurst kommt jetzt höchstens in regelmässigen Stücken vor und spricht kein Wort, als ihm vorgeschrieben". Dass letztere Bemerkung ironisch gefasst werden muss, beweist bereits das kurze Zeit darnach veröffentlichte zugesandte Schreiben des Principal Sebastiani:[2] „Er wisse wohl, dass der Verfasser in Pressburg gewesen, er habe ihn aber auch im Theater auf dem Siebnerplatz gesehen. Eine Verspottung von Seite Lipperls habe dem Verfasser den Anlass zu der Kritik des Komödienzettels gegeben. Aber er spiele cum licentia, der Zettel sei cum privilegio gedruckt und das Nachdrucken ziehe die Strafe

---

[1] „Mit gnädigster Bewilligung wird heut die deren komischen Wissenschaften beflissene Gesellschaft unter der Impresa des Herrn Sebastiani die Ehre haben, einer hohen und gnädigen Noblesse und respectiven Publico zum Vergnügen ihre Schaubühne zu eröffnen und auf derselben vorstellen: eine galante, nach der Wiener Schaubühne eingerichtete und hier niemals gesehene auserlesene Kapitalsbourlesque genannt „die verliebte Hexenassemblé auf dem Plocksberg und derselben lustige Rendevous oder die zur Bestrafung eines meineidigen Amanten in dem Gebüsche herumwandelnde galante Pilgerinn od. der doppelt lustige Hannswurst und Lipperl zwei abenteuerliche Rivalen in der Liebe sonsten der wankelmütige Liebhaber mit Colombine, dem artigen Stubenmädel und wegen zwey gleichen Amanten, da sie nicht weiss, welcher der rechte, unschuldigtreubrüchige Liebhaberinn. Dabei werden abermals zu mehreren Vorgängen zwey grosse Ballete zum Vorschein kommen. Das erste ist betitult: Cupido, der Arzt, das andere aber ist gleichfalls eine gute Ausarbeitung und werden sich in demselben verschiedene lustige Boufons-Charaktere zeigen."
[2] Welt, I. Jahrg., I. Bd., Stück XXXIV.

von 10 Mark Silbers nach sich. Auch dass das Stück nach
Wiener Muster gearbeitet sei, ist wahr, es ist ein Stück,
das seinem Verfasser mehr Beifall erwerben wird als die
trockenen und milzsüchtigen Geburten eines Gellert, Schlegel,
Lessing, bei deren Aufführungen der Cavalier den ersten
Aufzug ausdauert, die Dame gähnt, der Stutzer nichts zu
denken hat und der Bürger schnarcht. Es gäbe ja noch
Bernardone, Hanswurste, Flugwerke etc. in Wien, wie wir
denn ein neues Beispiel an dem geschickten und rechtschaffenen Verfasser der Komödianten haben." Dieser Brief,
„Sebastiani, der denen comischen Wissenschaften beflissenen
Gesellschaft Impresario" unterzeichnet und Pressburg, 17. Mai
1762 datiert, ist ebenso wie die folgenden in dieser Angelegenheit fingiert.

Zu dem Charakter dieser Wochenschriften: „Welt",
„Patriot", „Mann ohne Vorurtheil", „Vertraute" etc., die
sämmtlich nach dem Muster des Addison'schen Spectator ge-
arbeitet waren, gehörten solche fingierte Stimmen aus dem
Publicum, mit denen man dann, theils selbst, theils mit
Hilfe anderer fingierter Zuschriften eine Polemik eröffnete.
Nicht immer ist es möglich, wirklich Eingesendetes vom
Fingierten zu unterscheiden, und Sonnenfels sah sich bei der
Gesammtausgabe seiner Werke gezwungen, die wirklich ein-
geschickten Schreiben auszuscheiden, um nicht das geistige
Eigenthum Anderer für seines auszugeben.

Die Pointe des eben citierten Schreibens richtete sich
gegen Hafner,[1] der mit seinen „reisenden Komödianten"[2]

——— - -

[1] Philipp Hafner, geboren 1731, gestorben 1764 in Wien; s. Wurzbach, Biogr. Lex. VII, 188, wo auf die Verdienste und die redlichen Absichten Hafners meines Wissens zuerst hingewiesen ist. Die neueren
Schriften kennen ihn alle nur aus dem ungünstigen und wenig schmeichel-
haften Urtheile der Zeitgenossen.
[2] „Die reisenden Komödianten oder der gescheide und damische
(i. e. verrückte) Impresarius", verfasst von Philipp Hafner, Wien, Kurtz-
böck, 1762.

eine neue Epoche des Wiener Localstückes eröffnete. Seine
Stücke waren sogenannte „regelmässige", thatsächlich aber
wenigstens zum Theil, und zwar in den Favoritrollen der
Komiker noch immer extemporierte. Während das Publicum
diese neue Art mit Beifall und Jubel begrüsste, wurde Hafner
wieder von seinen oft in geradezu blinder Wuth gegen den
Hans Wurst kämpfenden Zeitgenossen in seinen Absichten
vollständig verkannt. Seine Arbeiten hatten bis auf wenige,
zu denen vor Allem die „Megära die fürchterliche Hexe"
gehört, sämmtlich einen guten und gesunden Kern von Witz
und Humor. Er, praktischer als der ganze Tross junger
Puristen, sah wol ein, dass eine Reform nicht plötzlich und
sprungweise, sondern langsam und in Uebergängen sich erreichen lassen kann. Er räumte daher dem Hans Wurst
immer noch seinen Platz ein, arbeitete aber wenigstens seine
übrigen Scenen vollständig aus. Es ist wohl wahr, dass er
durch sein ausserordentlich rasches Producieren und durch
seine schlechte finanzielle Lage oft gezwungen war, dem
schlechten Geschmacke Opfer zu bringen, seine zum Mindesten im Anfange gute Absicht tritt aber in einer an den
Director Weisskern gesandten Parodie der Hans Wurstiaden
in dem köstlichen Scenarium eines Extemporestückes, „Der
alte Odoardo und der lächerliche Hanswurst" (1755) zu
Tage, [1]) wodurch er die Schauspieler dem regelmässigen Drama
(in seinem Sinne allerdings) zuführen wollte. Dass er Witz
und Geist besass, können selbst seine Gegner nicht umhin
zuzugeben, wenn auch die Bemerkung der „Bibliothek der
österreichischen Literatur", [2]) „er hätte mehr Genie denn
Viele, die sich mit ihm wegen des guten Geschmackes herum-
schlugen," durch die gegnerische Stellung derselben zu Klemm
etwas verdächtig wird.

---

¹) Mitgetheilt wurde dieses Scenarium sammt dem Briefe Hafners
an Weisskern von M. Bermann in L. A. Frankls Sonntagsblätter, Wien
1842, S. 798.
²) I. Band, Nr. 1.

Die erste vernichtende Kritik schrieb das „Wienerische Diarium",[1]) die alte Amtszeitung, die nebenher auch gelehrte Nachrichten brachte: „Da es nicht möglich ist, dass ein Mensch gleichzeitig gescheid und damisch sei; wol aber die Vernunft und Thorheit wechselweise auf einander folgen können; so müssen wir allerdings glauben, dass ein unglücklicher Impresarius eben zur Zeit, da er von der letzteren befallen wurde, dieses schöne theatralische Stück angab. Das Nämliche müssen wir zu unserem Bedauern von dem Poeten sagen und können die Entschuldigung keineswegs annehmen, dass er diesmal allein für den Wiener Pöbel gearbeitet habe. — — — — Der Verfasser, von dem wir sonst Besseres erhofft haben, mag nunmehr zehn gute Stücke verfertigen und der Verleger ebenfalls uns aus der Presse liefern, wenn sie sich mit der gesitteten Welt, die durch den Druck eines niederträchtigen Stückes beleidigt worden, wieder aussöhnen wollen."

Hafner, der wohl wusste, dass hinter ihm das ganze Publicum einerseits, Graf Durazzo, der ihn mit 400 fl. jährlich als Theaterdichter angestellt, andererseits stünde, wehrte sich, indem er ein offenes Schreiben an seinen Drucker Kurzböck richtete, welches, wie auch dessen Antwort, sowohl der „Welt", als auch dem „Diarium" beigelegt wurde. Hafner[2]) wendet sich hauptsächlich gegen die Hereinziehung des Druckers in die Kritik und fährt fort: „Mein Herr! Sie sind also durch meine niederträchtige Arbeit ein Feind der schönen und gesitteten Welt geworden. Doch trösten Sie sich, Sie haben nur eine gelehrte Sünde begangen, d. i. Sie haben ein Lustspiel mit einem Hans Wurst gedruckt, mit einem Hans Wurst, den der gute Geschmack darum vom Theater verbannt, weil die immer klüger sein wollende Welt nunmehr ausser dem Theater ganze Gesellschaften gelehrter

---

[1]) 1762, 28. Stück.
[2]) Schreiben des Verfassers der reisenden Komödianten an den Buchdrucker dieses Stückes. Beigelegt zum Wiener Diarium 1762, Nr. 31.

Hans Würste errichtet. . . . Wer sind denn diese unbekannten Leute? Ich kenne sie nicht! Mit Fleiss und guter Vorsicht halten sie sich verborgen. Und," fragt er endlich, „was für ein Nutzen wird herauskommen? Der nämliche, den sich bis jetzt alle kritischen Schriften hier erworben haben und den die beiläufig vor drei Jahren herausgegebene Wochenschrift unter dem Titel ‚Wienerische gelehrte Nachrichten'[1]) zu Wege gebracht hat, worin auch jeder Verfasser durch die satyrische Spiessruthe zur Ausfüllung der Blätter hat laufen müssen; ich erinnere mich noch des erbärmlichen Endes dieser Wochenschrift, welche nunmehr sammt dem Verfasser ein Raub der Maden geworden ist." Aus diesen Zeilen spricht der Hass gegen die Theoretiker, aber auch Kurzböck konnte es sich nicht versagen, in seiner „Antwort des Buchdruckers an den Verfasser der reisenden Komödianten"[2]) der Deutschen Gesellschaft, die bald eine Art mystischen Einflusses in Wien erreichte, indem man sie hinter jedem literarischen Ereigniss, ob mit Recht oder Unrecht, als Spiritus agens vermuthete, einige spottende Worte hinzuwerfen: „Sie verlangen von mir zu wissen, wer die Leute von unserer Wienerischen della Crusca sind? Ich kann Sie versichern, dass es Mannsbilder sind. Haben Sie dieses vermuthet?" So spottet er wohl im Hinblick auf die Sittengeschichten der Welt. Trotzdem wagt er es nicht, sich mit der ganzen Schriftstellerwelt der Stadt zu verfeinden, und betont ausdrücklich, dass er nicht der Verleger, sondern blos der Drucker der „Komödianten" ist. Dass ein Drucker den Druck eines schlechten Werkes, wenn er gut bezahlt wird, verweigern soll, erklärt er für Unsinn; freilich „dafür hat man die Ehre, als ein Verleger guter Schriften im ‚Wiener Diarium' zu stehen".

[1]) Die oben erwähnten von Heyden herausgegebenen.
[2]) Wiener Diarium 1762, zu Nr. 32; Welt, I. Jahrg., 3. Bd., zum 97. und 98. Stück.

Ueber dieselbe Angelegenheit liess sich noch in Hafner gegnerischem Sinne ein Druckcorrector, „Philippi" zeichnet er, hören.[1])

Daneben setzt die „Welt" ihren alten Kampf ruhig fort. Herrl, der diese Polemik führt, bringt einen zweiten fingierten Brief Sebastianis,[2]) worin dieser unter Anderem, die Theaterverhältnisse charakterisierend, sagt:[3]) „Ich habe die ganze Gottschedische Schaubühne vorstellen lassen und habe auch leider die Wirkungen zu meinem nicht geringen Schaden empfunden." Er hofft, dass sich noch „viele so pa- triotische Gelehrte", wie der Verfasser der „reisenden Komö- dianten" finden, „sonst ist in wenig Jahren die völlige Bar- barei im Land".

Als zweiter Briefschreiber tritt nun Burlin selbst in das Gefecht mit einem an Sebastiani adressierten Schreiben,[4]) worin er sich diesem anpreist, seine Verdienste und seine Stücke, wie die „belohnte Tugend", „der im Glück und Un- glück schwebende und endlich vom Geiste des Asmodäus geholte Burlin" hervorhebt, von den Schwierigkeiten, die ihm das Versemachen bereitet, erzählt und endlich erbost auf einen erhaltenen Brief hinweist, der ihm gerathen, sich lieber mit dem Dichten gar nicht abzugeben. Das Ganze ist eine ziemlich plumpe Satyre gegen diese Art von Dich- tereien, deren Spitze sich wiederum gegen Hafner wendet. Zum Schlusse nimmt der Verfasser der Briefe (Herrl) Se- bastiani selbst in Schutz und erklärt, dass dieser in Linz bereits lange regelmässig spiele und das Theater mit dem „Essex" eröffnet habe. Auch von Seite Burlins wird in einem

---

[1]) Wien. Diar. 1762. Zu Nr, 34.

[2]) Franz Josef Sebastiani aus Strassburg wird als schlechter Schau- spieler und als Impresario von Harlekinstücken in der Chron. geschildert. Er spielte in Oesterreich, in Brünn, Linz etc. und führte dann auch regel- mässige Stücke auf. S. Chronologie 214 und 231.

[3]) Welt, I. Jahrg., 3. Bd., Nr. 74, ebenfalls auch dem Diarium beigelegt.

[4]) Ibid.

weiteren (natürlich ebenfalls fingierten) Briefe erklärt, dass
der vorhergehende unecht sei.

Vier Stücke weiter[1]) kehrt sich Herrl noch einmal
gegen Burlin und stellt ihn als ebenso elenden Schauspieler
als Dichter und Briefschreiber dar, an dessen Stücke man
das Publicum, das sie überstanden zu haben glaubt, nicht
mehr erinnern sollte, endlich[2]) spricht Sebastiani demselben
in einem folgenden Schreiben seine Zustimmung zu seiner oben
angeführten „gelehrten Streitschrift" aus, die im „Diarium"
erschienen sei. Nun appellieren die Verfasser der Wochenschrift selbst an die Leser:[3]) „Das Publicum wird sich mit uns
wundern, dass Schriften von jener Art sich ans Tageslicht wagen
dürfen. Seiner Entscheidung überlassen wir die ganze Sache."

Sonnenfels war zu jener Zeit bereits zu sehr in das
literarische Leben eingetreten, als dass er sich der Theil-
nahme an einem die ganzen gebildeten Kreise Wiens bewegenden Streite hätte entziehen können. Auch lag dies
seiner Art gänzlich ferne, in einer nur im Geringsten wich-
tigen Frage nicht auch seine Meinung abzugeben. Der Vor-
wand, die Ehre, als Verfasser der „Welt" angesehen zu
werden, ablehnen zu müssen, gab ihm Gelegenheit, sich über
die Hans Wurst-Frage, die alle Gemüther bewegte, in einem
offenen Schreiben[4]) an die Verfasser der „Welt" zu äussern.
Er nimmt auch hier seine gewöhnliche belehrende Miene
an, die ihm so leicht Feinde machte, obgleich seine Sätze
sicher die Wahrheit enthalten:[5]) „Vergeben Sie mir, wenn

---

[1]) Welt, I. Jahrg., 3. Bd., Nr. 78.

[2]) Ibid.

[3]) Ibid.

[4]) Ibid., Nr. 96.

[5]) Ich gebe die darauf bezüglichen Stellen des Schreibens vollständig wieder, da es bisher nirgends erwähnt, viel weniger abgedruckt wurde.
Sonnenfels stand der „Welt" erst sehr freundlich gegenüber, doch verwahrte
er sich stets in seinen Zuschriften, als deren Verfasser angesehen zu werden, und nennt sie auch später (Ges. Schr. VI, 385) „eine mehr denn
mittelmässige Wochenschrift".

ich bemüht bin, Ihnen das Unrecht Ihres Verfahrens kennbar zu machen! Sie bestreiten zwar eine Sache, die es verdient, aber andere Gegner mussten Sie sich wählen. So wie unsere Schaubühne dermalen aussieht, ist ihre Absicht nicht zu erbauen, zu belehren, sondern zu belustigen, zu zerstreuen. Die Art dieser Belustigungen, dieser Zerstreuungen schreibt nicht der Schauspieler uns, unser Geschmack schreibt sie dem Schauspieler vor. Der grosse Haufe ist nicht für die feinere Lust geschaffen, welche unserem Herzen Thränen entlockt, Thränen, die sie der unglücklichen Tugend, die sie den reizenden Entschliessungen der Grossmuth und Menschenliebe zollen. Dieser grosse Haufe fordert für Geld eine, wenn ich mich so ausdrücken darf, seiner Denkungsart angemessenere Lust. Burlin sucht sie ihm zu verschaffen; liegt nun die Schuld an ihm? Gewiss nicht! An uns liegt sie, die wir solche Schauspieler fordern und abermal fordern, die wir, und wer weiss es, ob nicht auch Sie selbst, bei seinen Einfällen in die Hände klatschen, die wir bei einem „Misstrauischen" gähnen, einschlummern, die wir gerade so unterhalten sein wollen, wie man uns unterhält.

„Wollen Sie der Schaubühne einen Dienst erweisen? Bereiten Sie unsere Denkungsart zu den Eindrücken eines regelmässigen und rührenden Schauspiels! Flössen Sie uns Empfindungen, Geschmack ein! Der Schauspieler, der von uns besoldet wird, ist bereit, sich nach unseren Neigungen zu biegen. Bis jetzt haben wir Possenspiele, Zaubereien u. dergl. geliebt: man liefert sie uns. Auch der Verfasser des „Menschenfeindes" schrieb „Skapins Bubenstreiche", weil der Pariser Pöbel zu lachen haben wollte. Wenn wir den Miss Sarahn, den Triumphen der guten Frauen, den Losen in der Lotterie, den Hermannen, Richarden u. a. m. unseren Beifall zuwenden, so wird man uns solche aufführen, und vielleicht wird dieser Beifall unbekannte Genien erwecken, die Ehre des deutschen Schauspieles zu retten, denn gewiss in dieser Gattung und in dieser Gattung allein erblicken

wir andere gesittete Völker noch in einer ungemessenen
Höhe vor uns." Wol ist an der Richtigkeit der Sonnenfels'schen Worte
nicht zu zweifeln, aber die durch blosse Theoreme einmal
nicht so leicht zu behebende Apathie des Publicums den
regelmässigen Stücken gegenüber, die in dem Briefe Sebastianis so drastisch geschildert wurde, hatte doch wieder in
der Bühnenleitung ihre Ursache. Das Einstudieren der Ex-
temporestücke bot keine Mühe, die einmal angeschafften
Costüme und Maschinen konnten immer wieder gebraucht
werden, und durch die immerwährende Mannigfaltigkeit der
Stegreifkomödie konnte sie unzähligemal wiederholt werden.

Alles dieses machte das Extempore trotz aller Ausstattung zu einem ziemlich billigen Unternehmen, das ausserdem auch für den Impresario das bequemste war, und daher
favorisierten die Bühnenleiter dieselbe dem regelmässigen
Lustspiele und Drama gegenüber. Ihm wurden die besten
Theatertage eingeräumt, die Ausstattung und die äusserlichen Reizmittel hatte es an und für sich voraus, und endlich konnte man den Darstellern der komischen Figuren
Talent nicht absprechen: was Wunder, wenn das Publicum
an dieser Kost, an die man es systematisch gewöhnt hatte,
Gefallen fand.

Die „Welt" jedoch schien sich den Vorwurf Sonnenfels' zu Herzen genommen zu haben, denn Sebastiani und
Burlin verschwinden aus ihren Spalten, ihre nächsten Bemerkungen gelten der Posse selbst.

Es ist dies ein Schreiben eines Fremden über die Wienerische Schaubühne,[1] eine neue Maske, wie sie Sonnenfels
in der Folge in seinem Franzosen noch consequenter übernahm: „Man belustigt sich an ungereimten Sachen, die eher
des Mitleidens als des Lachens würdig sind, an Thorheiten,
an Zoten, an Possen und tausend Unanständigkeiten, welche

---

[1] Welt 1763, 4. Bd., 5. Stück.

feine Ohren oder scharfsinnige Augen beleidigen. Ja man lehrt wol gar auf der Schaubühne das Stehlen, auf der Schaubühne, die doch eine Tugendschule sein soll... Ebenso häufig müssen die Maschinen erscheinen und alles dasjenige aus den Jahrhunderten des Aberglaubens und der Barbarei hervorbringen, was sich nur immer eine verworrene Einbildungskraft von Abenteuern, irrenden Rittern, von Erscheinungen und Teufeln, von Hexereien und Zauberschlössern vorstellen kann. Der grossen Kosten zu verschweigen, welche dergleichen verkehrte Nachahmungen der menschlichen Handlungen verursachen, so sieht jeder Vernünftige dieselben als Träume, als Hirngespinnste, als Erdichtungen an. Wie sauer mag es allen unseren Schauspielern werden, wenn sie die Alfanzereien und abgenützten Schwänke einer Colombine nachäffen müssen. Werthester Freund! Wenn ich vom Theater auf die Wiener schliessen müsste, so würde ich wahrhaftig kein vortheilhaftes Urtheil für sie sprechen."

Durch eine „Rettung des Hans Wurstes", die um dieselbe Zeit erschien und der „Welt" zum 21. Stücke beigelegt war, wurde von gegnerischer Seite der Streit wieder auf die Persönlichkeit Prehauser's hinüber gespielt, so dass die Verfasser der „Welt" ausdrücklich erklären: „Niemand wird wol in Abrede stellen, dass man alle Zeit über den Missbrauch des Hans Wurst, dass man über den Hans Wurst als Hanswurst und nicht über Herrn Prehauser als Acteur geklagt habe."

Die Zuschriften, Kritiken und Apologien, die Schreiben für und wider hatten aber bereits eine derartige Zahl erreicht, dass die Wochenschrift sich gezwungen sieht, nochmals an die Geduld der Leser zu appelliren, als sie die „Rettung" veröffentlicht. Herrl antwortet mit einem Schreiben „An den Verfasser der Rettung des Wiener Hans Wurstes"[1]) und damit ist die reformatorisch-polemische Thätigkeit der

---

[1]) Welt 1763, IV. Bd., Stück 27 und 28.

„Welt" auf diesem Gebiete beendet. Nur noch einmal weist sie auf ein regelmässiges Lustspiel als Beispiel hin,[1]) bevor sie in demselben Jahre (1763) ihr Erscheinen einstellt.

Hafner hatte, wie schon erwähnt, von dem General-director der Theater, Grafen Wenzel Sporck, nach seinem Zauberstücke „Megära"[2]) eine fixe Anstellung bekommen[3]) und arbeitete dann fleissig darauf los. Seine „bürgerliche Dame"[4]) gab nun wieder Anlass zu einer grossen Polemik. Sonnenfels bespricht (Ges. Schr. VI, 384) die Beweg-gründe, die die damalige Schriftstellerwelt bewogen, Hafner so rücksichtslos anzugreifen. Er schien ihnen gefährlicher als jeder Andere, denn seine Stücke wurden trotz ihrer Ex-temporescenen als „regelmässige" betrachtet und aufgeführt, und in der Zeit der grossen Gährung schien es den Kämpfern für die gesittete Schaubühne doppelt nothwendig, keine Ver-wirrung der Begriffe einreissen zu lassen. Der Hans Wurst musste ihnen immer noch der Inbegriff der Stegreifkomödie sein und mit dieser war nun thatsächlich die Unfläthigkeit

---

[1]) Welt 1763, IV. Bd., Stück 39 und 40. „Nachrichten von einem neuen regelmässigen Lustspiele: Die abgeschmackten Liebhaber."

[2]) „Megära, die fürchterliche Hexe, oder das bezauberte Schloss der Herrn von Einhorn", Wien 1764, auch unter dem zweiten Titel: „Die be-zauberten Hängeleuchter". Später liess er noch einen zweiten Theil er-scheinen. Ein so fürchterliches Stück, dass es sogar Wurzbach (a. a. O.), der eine kleine Rettung Hafners versucht, preisgiebt.

[3]) Sonnenfels' Briefe über die Wiener Schaubühne (Ges. Schr. VI, 381): „Die Schritte des Mannes, der auf der deutschen Bühne als ein grosses Gestirn von Seite der Dichtkunst scheinen sollte, nahten sich leise und unbemerkt. Megära, die fürchterliche Hexe, wurde angekündigt. Es sollte diesem Stücke weder an Verwandlungen und Maschinen, noch an Teufeln fehlen. Es herrschet noch heute der rühmliche Gebrauch, auf ein gross Stück Papier die Hauptscenen in gevierten Abtheilungen malen zu lassen und dem Volke zur Schau auszuhängen. In diesem Aushängeblatte der Megära war nun wenigstens kein Viereck ohne Teufelchen. . . . . Man fand den Einfall, drey Personen, weil sie der Heurath eines Mädchens, so Megära in Schutz genommen, Hinderniss gelegt, als Hängleuchter bei einem Balle dienen zu lassen, so allerliebst . . . ."

[4]) „Die bürgerliche Dame, oder die Ausschweifung eines zügellosen Eheweibes mit Hans Wurst und Colombine", Wien 1771.

und Zote verbunden, da dagegen weder Verordnungen noch
Censur etwas nützen konnten.

Hafner schlug auch bei seinen übrigen Personen einen
rohen, volksthümlich-gemeinen Ton an, schrieb seine Stücke
durchgängig im Dialekt, den Sonnenfels auch späterhin nur
mit Widerstreben auf der Bühne dulden wollte, worüber er
sich folgendermassen äusserte: „Diese Mundarten müssen
nicht dazu dienen, alle die Grobheit des Pöbels auf der
Schaubühne mit durchzubringen."[1]) Hafner benützte sie
aber thatsächlich dazu. „Die bürgerliche Dame" behandelte
den in dieser Zeit vielbeliebten Stoff, dass der Bürger den
Adel gern copieren möchte, es aber weder in Bezug auf
seine Bildung, noch auf seine Mittel kann. Gegen die gemeine pöbelhafte Sprache, wie auch gegen Hafners Verspottung jeglicher Regel richteten seine Gegner ihr Geschoss.
Ein „Schreiben an den Verfasser des dramatischen Stückes
‚Die bürgerliche Dame' betittelt"[2]) spricht dem Dichter,
dessen eigenen Ton nachahmend, in den gewöhnlichen Ge-
meinplätzen seine Bewunderung aus. Die Angriffe wurden
selbstverständlich beantwortet, und zwar bewegte man sich
nicht eben mit dem grössten Anstande, wie ein „Schreiben
an den Verfasser der letzten Kritik L. M. N. über das Lustspiel: Die bürgerliche Dame"[3]) zeigt. Unter allen Gegnern
Hafners wusste ihn aber Bob am schärfsten zu treffen, der
es bewirkte, dass „das Stück für das erkannt ward, was es
ist". Er schrieb seinen „Glückwunsch an den Verfasser des
Lustspiels „Die bürgerliche Dame",[4]) eine ausserordentlich

---

[1]) Briefe über die Wiener Schaubühne. Ges. Schr. VI, 317.
[2]) Gezeichnet L. M. N. Wiener Diarium 1764, beigelegt zu Nr. 4.
[3]) Wien. Diarium 1764, beigelegt zu Nr. 7.
[4]) Wien bei Schulz 1764, abgedruckt in der Bibl. der öst. Literatur,
1769, I. Bd., Nr. X. Ich setze nur ein Stück zur Charakteristik hierher,
da der Glückwunsch noch nirgends abgedruckt ist: „Wie unvergleichlich
schildern Sie eine gemeine Bürgersfrau, die sich für adelig hält. Kein
schwedisches Dragonerweib würde kräftiger schimpfen. Ich lachte zum
Zerbersten. Ebenso artig und wolerzogen ist die Fräule Tochter. Das

launige Satyre, die Hafner wirklich in den Augen der gebildeten Stände Wiens vernichten musste und diesen Streit
zu Gunsten des regelmässigen Schauspiels beendete. Auch
er nahm hier die Maske eines unbedingten Bewunderers der
Hafner'schen Muse an, und zum Schlusse bringt er ein er-
lauschtes Zwiegespräch zwischen einem Kunstrichter und
einem Stallknecht über das Stück, wobei natürlich der Stallknecht, der Vertheidiger der „Bürgerlichen Dame", trium-
phierend als Sieger im Streite hervorgeht.

Neben Hafner versorgten nun auch Heufeld[1]) und
Klemm die Wiener Bühne mit Beiträgen, die gewöhnlich
„auf die Wiener Sitten" gearbeitet waren. Sie benützten
stets ihre stereotypen Sujets mit denselben Personen, Charakteren etc. Am auffallendsten tritt dies bei Klemm[2]) hervor. Immer ist es bei ihm der Bürger, der sich wie ein
Edelmann geberdet, der Edelmann, der sich auf den Grafen
hinausspielt, immer der fade und leichtfertige Stutzer von
seinem edlen Gegenstück begleitet. Heufeld ist der ungleich
bedeutendere von beiden und einer der wenigen damaligen
Wiener Poëten, dessen Stücke die Grenzen des österreichischen Staates überschritten. Seine nach dem Französischen
gearbeitete „Julie, oder der Wettstreit der Pflicht und Liebe"[3])
fand sogar in Lessing einen wohlwollenden Richter.[4]) Die

heiss ich charakterisieren! Könnte man was Natürlicheres ersinnen, als den
12. und 14. Auftritt, wo Fränle Sepherl mit den Dienstboten zankt und
mit ihnen um die Wette schimpft? Wo Frau Redlichinn dem Hanns Wurst
eine Ohrfeige giebt und dieser die Fräule „ein kleines Sauleder", seine
Gebieterin „Du verfluchtes Lumpengeschmeiss, Du höllisches, Du einge-
bildetes Betteladel, Du Limonieschliffelnoblesse" schilt und sich rüstet,
ihr Schläge zu geben; wo endlich Herr Schlaukopf dazukömmt, welchen
Hans Wurst zur Erde wirft und davonläuft? Wenn das nicht das feine der
Komik ist!" etc. Dieses diene auch als Charakteristik dieser Art Stücke.
    [1]) Franz Heufeld, geboren 1731 auf der Insel Mainau im damaligen
Vorderösterreich, zuletzt k. Rath, gestorben 1795.
    [2]) Christian Gottlob Klemms Beiträge zum deutschen Theater, 1767.
    [3]) Ein Drama in drei Aufzügen. Wien 1766.
    [4]) Hamburg. Dramaturgie, VIII. und IX. Stück.

Theaterdirection war aber immer noch gezwungen, den Hans
Wurst zu berücksichtigen, und zwar hauptsächlich der Cassen-
erfolge wegen, und Klemm und Heufeld mussten Prehauser
wenigstens unter änderem Namen beschäftigen. So sagt
Klemm im Vorberichte zu seiner „Daphne", Lustspiel in
zwei Acten, worin Gesang und Ballet eine grosse Rolle
spielen, ausdrücklich: „Der Plan und die Scenen dieses
Stückes waren mir vorgeschrieben. Ich sollte vorzüglich
auf die Person des Herrn Prehauser arbeiten, welcher die
Rolle des Hans war. So wurde mir befohlen, ich musste
gehorchen." Man sieht, in diesem „regelmässigen Stücke"
hiess der Hans Wurst einfach Hans; das war Alles.

Klemm setzte seine Bemühungen um die deutsche
Bühne und Sprache in der zweiten seiner Wochenschriften
immer noch Hand in Hand mit Sonnenfels fort. Der „Patriot"[1]) weist hin auf die Bedeutung der Bühne für die allgemeine Sittlichkeit, die die Aufmerksamkeit eines Regenten
in vorzüglichem Grade verdiene, „und die Wiener Schaubühne, da sie die einzige in Deutschland, da sie in der
Hauptstadt Deutschlands ist, welche von dem höchsten Hofe
privilegiert ist, sollte sie nicht allen anderen deutschen Bühnen
den Ton angeben, wie die Pariser den übrigen Provinzen
Frankreichs?"[2]) Freilich, dieses wäre nicht in Kürze zu erwarten, so lange die meisten deutschen Gebildeten ihre Muttersprache nicht achten und ihre Literatur verachten. „Kleist,
Gessner, Rabener, Gellert, Bremische Beiträge, Briefe die neueste
Literatur betreffend", sind ihnen unbekannte Namen, und
hat sie ihnen Jemand genannt, so war es ein junger Mensch,
und da mussten sie nothwendig thun, als hörten sie nicht."[3])

----

[1]) Oesterreichischer Patriot, eine Wochenschrift, Wien 1764 bis 1766,
bei L. G. Schultz, vom 1. October 1765, 2. Band; schwächer als die Welt.
Die Hauptmitarbeiter Burckard, Denis, Mastalier, Bob, Herrl, Heufeld,
Roschmann,, Reckelsperger, wovon sich die meisten dann zurückzogen.
S. Bibl. der öst. Literatur, I. Bd., Nr. I, und .H. M. Richter a. a. O.
[2]) Patriot 1765, II. Bd., 52. Stück.
[3]) Ibid., III. Bd., 77. Stück.

III.

Unterdessen war Sonnenfels mit seiner ersten Wochenschrift[1] „Der Vertraute" aufgetreten, deren acht Blätter
während des Monates Februar 1765 erschienen. Diese durch
die Censur bewirkte kurze Lebenszeit war wol der Grund,
dass er auf unsere Materie gar nicht zu sprechen kam und
das Theater nur einmal[2]) und da nur mehr, um einen
äusserlichen Vergleich zwischen Einst und Jetzt zu ziehen,
berührte. Er sieht in seinem Zauberspiegel zuerst die frühere
Schaubühne: „Der Hintertheil war fast unbeleuchtet, denn
die sparsamen Lichter, die zumeist an der Rückwand und
den beiden Seitenwänden brannten, machten nicht hell genug, sich gegenüber zu erkennen. Mit Noth sah ich die
Schauspieler durch den dicken Dampf hindurch, der gleich
einem Nebel neben dem Orchester aufstieg. Die Galerien
gähnten, die Logen waren öde, das Parterre klatschte und
ich fragte mich: warum? Nur zunächst dem Theater war
Aufmerksamkeit? Nein, ein wild Getümmel, das Jeden sein
Geld verlieren machte, der die Schauspiele wegen ihrer selbst
besuchte." Dieses Getümmel nun rührte von den Spiel-
tischen der Cavaliere her, die im Theater aufgeschlagen
waren, da mit der Theaterpachtung zugleich die Spielcon-
cession verbunden war und diese die Haupteinnahme des
Pächters ausmachte.[3]) Das „nunmehrige" Theater ist nun
wol besser daran, aber trotzdem will sich der Adel noch
immer, noch immer nicht dem deutschen Schauspiel günstig
erweisen, immer noch bleibt die französische Oper, das wälsche

---

1) Eigentlich eine Halbwochenschrift. Ges. Schr., I. Bd. Die Wochenschrift, ebenfalls in Addison's Manier, geisselte rücksichtslos alle Schwächen
und wurde in Folge der Agitation der Betroffenen bald durch die Behörde
unterdrückt.
2) Vertraute II. Ges. Schr. I, 40.
3) Darüber Wlassak a. a. O. S. 11. Auch Affligio hatte noch das
Privileg.

Ballet seine Lieblingsunterhaltung. „Welcher Anstand, welche Höflichkeit, welch' gesittetes Betragen herrschte in einem anderen Schauspielhause so nunmehr das erste verdrängt hatte! Beleuchtung, Orchester, Verzierungen, alles war einladend, und daher meine Verwunderung um so grösser, als ich das adelige Parterre dennoch öde fand, und doch gab man den Grafen Essex, wie ich aus den blauen Ordensbändern erkannte, und Elisabeth, ja die Königin selbst war auf der Bühne. Der Vorhang gieng nieder. Der das Stück ankündigte für den folgenden Tag trat auf. Ein allgemeines Händeklatschen verhiess zahlreiche Zuschauer: es ward Nacht und Tag und Abend des andern Tags; die Logen waren voll, es wimmelte im gemeinen und drängte sich im adeligen Paterre....“ Man gab die Oper Orpheus und Eurydike. Bereits zwischen dem „Vertrauten“ und dem „Patrioten“ war eine Spannung eingetreten.[1]) Klemm jedoch wich diesmal wie auch noch späterhin durch einige Zeit einer offenen Fehde mit Sonnenfels, der stets der angreifende Theil war, aus, denn Klemm wusste wol nur zu gut, dass er seinem Gegner nicht gewachsen war. Dass aber bald ein offener Bruch zwischen Sonnenfels und seinen Mitkämpfern hereinbrechen musste, war vorauszusehen: der „Mann ohne Vorurtheil“,[2]) der den „Patrioten“ verdrängte, führte ihn mit Klemm, die Kritik über den „Geburtstag“ mit Heufeld herbei.

Der ganze Kampf auf dem Gebiete hatte bisher blos in einem Kriege gegen die Figur des Hans Wurst bestanden. Klemm und Heufeld griffen denselben wol an und ver-

---

[1]) Siehe Wiener Neudrucke, hg. v. Dr. A. Sauer, Nr. 4. Einleitung S. VII.

[2]) Mann ohne Vorurtheil, 1765 bis 1767. Ges. Schr., Bd. I — III, Anhang IV. Bd. Ebenfalls nach dem „Zuschauer“ bearbeitet. Die wichtigste der Sonnenfels'schen Wochenschriften, die alle socialen Fragen der Zeit behandelt. Sonnenfels wählte hiezu eine eigenthümliche Figur eines Naturmenschen, „Capa-Kaum“, mit der er die Unterhaltungen führt. Doch ist diese Figur nicht consequent durchgeführt und wird zum Schlusse fallen gelassen. Auch der „Mann ohne Vorurtheil“ hatte viele Verfolgungen von privater und officieller Seite zu erleiden.

suchten in der Praxis mit ihren „regelmässigen" [1]) Stücken dagegen anzukämpfen, aber erst der „Mann ohne Vorurtheil" wusste die Theorie des Dramas zu entwickeln, er zeigte, wie das Bessere beschaffen sein müsste, und er bot den Anhängern der neuen Schaubühne eine vollkommene Richtschnur für ihre Arbeit und ihre Beurtheilung.

„Dies Blatt ist merkwürdig, es war das erste Lärmzeichen gegen die Fratze, auf welches alle . . . . gegen den Verfasser des ‚Mann ohne Vorurtheil' loszogen," bemerkt Sonnenfels selbst zu dem XXV. Stücke [2]) in der Gesammtausgabe, und wirklich, noch niemals war ein derartig scharfer Angriff auf dieselbe vollführt worden, die humoristisch-satyrischen Zuschriften der „Welt", des „Diarium" etc. mussten verschwinden dieser ernsten, mit allem Eifer eines Propheten geschriebenen Philippika gegenüber. Zum ersten Male wird die Staatsgewalt herbeigerufen, um die sittliche Bedeutung der Bühne zu schützen. Obgleich er weder die Betrachtung, die hundertmal gemacht worden ist, aufwärmen will: dass dieser Theil der öffentlichen Ergötzlichkeiten nie in einem Staate derjenigen Aufmerksamkeit werth geschätzt worden, die er in der That verdient, [3]) so wünscht er doch, dass diese Possen, wenigstens die „Megära", „Dr. Faust", „Don Juan", von der Schaubühne auf ewig verwiesen werden sollen. „Die Religion, die Sitten, die Vernunft fordern das Opfer: warum weigern wir es ihnen zu bringen?" [4])

---

[1]) Der Begriff „regelmässig" enthält keineswegs, wie Robert Zimmermann (Von Ayrenhoff bis Grillparzer, Studien und Kritiken zur Philosophie und Aesthetik, 1870, II, 36) meint, ausschliesslich den Begriff der französischen Tragödie (der dann die unregelmässige Shakespeare'sche entgegensteht) mit all ihren Regeln; er ist hier nur eine reine Gegenüberstellung des studierten und extemporierten Stückes. Sonnenfels nennt ja doch die Lessing'schen Stücke auch als regelmässig, wie er überhaupt eine vermittelnde Stellung einzunehmen sucht und auch Shakespeare als Genie hochhält. Unbedingter Nachbeter der Franzosen ist allein Ayrenhoff.

[2]) Ges. Schr. I, 343.
[3]) Ibid., 345.
[4]) Ibid., 346.

Jetzt sei die Schaubühne nur ein Ort der blossen Ergötz-
lichkeit, aber dann auch kein Ort für eine „Athalie", „Zayre",
für „Olynth und Sophronia", die alle für einen Ort des
blossen Ergötzens zu erhabenen, zu ehrwürdigen Inhaltes
sind. Ja, selbst den Teufel will er durch diese ewigen Be-
handlungen als dummer Teufel dem Volke nicht vollständig
lächerlich gemacht haben, da dadurch die Strafmittel der
Religion in ein Nichts zerfallen. „Wie tief muss in des
grossen Haufens Augen nicht ein Teufel herabfallen, den
er auf ein Gebot eines Weibes oder auf das Machum-Lachum
eines Theaterzauberers erscheinen, nur mit einer Schweine-
blase sein Strafamt üben und letzlich mit Rippenstössen
oder einem Fusse vom Kampfplatze verjagt werden sieht?
Es ist nur Erdichtung, es ist nur Blendwerk, wird man antworten, er weiss es, der Zuschauer, und sieht es dafür an.
Man kennt die Stärke der theatralischen Täuschung sehr
schlecht, wenn man diese Antwort für zureichend hält. [1])
Der Teufel ist ein Dogma der Religion, das seinen be-
stimmten Zweck hat, daran soll nun einmal nicht gerüttelt
werden. Aber diese Stücke sind noch in anderer Beziehung
schädlich, sie befördern durch ihre Hexenhistörchen den
Aberglauben. Es ist Mancher durch Don Quixote in das
Irrenhaus gekommen, aber es hat heute Cartouche durch
ein Theaterstück seinen Beruf zum Spitzbuben empfangen,
und daher fordert die gewöhnliche Sittlichkeit die Ueber-
wachung durch den Staat: was die Zahl der Lasterhaften,
der Betrüger vergrössert, ist den Sitten entgegen, dieser
Uebelstand ist hundertmal dargethan worden. Und was die
Zahl der Thoren vergrössert, ist der Vernunft entgegen.
Dies sind nun aber alle die aufgeführten Ammenmärchen.
Ich gestehe es, ich liebe die Ehre der Nation und mir bricht
über diese Vorstellung oft der Schweiss aus, wenn ich denke,
welch eine Menge Fremder unter uns sind, die uns täglich

---

[1]) Ges. Schr. I, 347.

bei ihren Landsleuten über unsere Ergötzlichkeiten ver-
schreien werden. Wol werden alle diese Einwürfe stets mit
demselben Worte niedergeschlagen: Die Cassa verlangt es,
die Flugwerke ziehen das Publicum an. Trotz alledem soll
rücksichtslos vorgegangen werden," ist Sonnenfels' Verlangen,
wenn die Sittlichkeit der Bürger einmal dieses Opfer fordert, die Flugwerke aber sind sogar lebensgefährlich. „Die
Sicherheit der Bürger fordert hier wol ein gesetzmässiges
Verbot."[1])

Dieses Stück des „Mannes ohne Vorurtheil", das wirklich
jedes nur mögliche Argument für die Abschaffung der Fratze
gebracht hatte, war aus Anlass der Wiedereröffnung des
deutschen Theaters, die am Ostermontag 1766 durch den
neuen Pächter Hilverding von Wewen stattfand,[2]) geschrieben. Es schien für das deutsche Theater eine bessere Periode einzutreten, Sonnenfels selbst trat mit Hilverding in
Verbindung, stand ihm mit gutem Rath zur Seite und arbeitete sogar ein Repertoire für ein ganzes Jahr aus. Auch
des fremden Nebenbuhlers, des französischen Theaters, war
das deutsche ledig, der Unternehmer hatte die besten Absichten und ernannte sogar Klemm zum Theatersecretär.
Dieser reiste eigens nach Leipzig, um sich dort nach Ori-
ginalstücken umzusehen. Er kam auch nicht ganz resultat-
los zurück: Clodius schrieb für die Wiener Bühne den
„Medon", Plattner zwei Stücke, die ihm von Weisse mit-
gegeben wurden, wovon aber eines verloren gieng.[3]) Die
unsinnigen Hanswurstiaden wurden denn auch fallen gelassen, der Hans Wurst extemporierte trotz alledem weiter:

----

[1]) Ges. Schr. I, 354.
[2]) Nach dem am 18. August 1765 eingetretenen Tode des Kaisers
Franz I. wurden beide Theater geschlossen; das französische, das die Burg
innehatte, sollte zwei Jahre geschlossen bleiben, während das deutsche
nach acht Monaten unter Leitung des ehemaligen Balletmeisters Hilverding wieder eröffnet wurde. S. Wlassak, Chronik des Burgtheaters, S. 16.
[3]) J. H. F. Müller, „Geschichte und Tagebuch der Wiener Schaubühne", 1776.

die Geldfrage konnte man eben nicht mit schönen Theorien aus der Welt schaffen und trotz der schönsten Ab- und Aussichten erreichte Sonnenfels gar nichts als eine starke Erbitterung der dem Theater nahe stehenden hohen Kreise und eine Menge Zuschriften bald zustimmender, bald läppisch angreifender Art. Schon im nächsten Stück des „Mannes ohne Vorurtheil" wird eines derselben, und zwar ein ironisierendes abgedruckt:[1] „Sie sind mir doch ein entsetzlicher Grübler, ein recht unchristlicher Mann, nicht einmal die Teufel können Sie in Ruhe lassen. Warum wollen Sie diese lustigen Vögel von unserer Bühne verbannen? Gewiss, Sie werden den Zusehern manchen Spass und den Komödienschreibern eine grosse Erleichterung ihrer Arbeit rauben. Wie schön lassen sich nicht die Aufzüge durch die Teufel schliessen, wenn sie die handelnden Personen von der Bühne wegprügeln. Wir hoffen, dass das Theater mit einem Hexenstücke werde eröffnet werden. Möchte doch die Wahl auf die Megära fallen. Die Ehre der Wienerischen Bühne hängt davon ab. Zwar ist es wahr, man sollte von Rechts wegen anfangs mit so kostbaren Stücken nicht so verschwenderisch sein: die Wiener werden sich bei der ersten Vorstellung gleichwohl haufenweise einfinden, und in dieser Hinsicht könnte man das erste Mal ohne Bedenken etwas Schlechtes, z. B. ein gutes Trauerspiel geben, denn wir sind nun einmal so."

Nach und nach fing unter der starken Hand des „Mannes ohne Vorurtheil" sich eine kleine Partei des gesitteten Schauspiels zu sammeln an, zu den Führern fand sich eine wenn auch langsam, so doch stetig wachsende Armee. Sonnenfels stellt dies in einem fingierten Briefe selber dar:[2] „Erwarten

---

[1] Willibald Müller, (Josef v. Sonnenfels. Eine biographische Studie, Wien 1882,) hält diesen Brief für einen fingierten, was deshalb nicht richtig ist, da Sonnenfels ihn in den Ges. Schr. auslässt. Dass der Brief die „läppischen Erwiderungen" ironisieren soll, ist wol richtig und ergiebt sich aus der hierher gesetzten kurzen Stelle.

[2] Mann ohne Vorurtheil 2. Abt. VIII. Ges. Schr. II, 46 ff.

Sie mit uns, dass der würdige Mann, wie er nun einmal
genannt sein will (der Theaterunternehmer), seines Vortheils
wahrzunehmen weiss, und wenn er 'unser Geld haben will,
uns auch dafür Schauspiele aufführt, wie wir sie haben
wollen. . . . Es sind zwei Parteien: die Partei des grünen
Hutes und unser kleiner Haufen. Denn lassen Sie sich nicht
irreführen, der Haufen ist noch sehr klein, der an der rührenden Stellung eines Stückes, an der Vorstellung einer
edelmüthigen Handlung ein grösseres Vergnügen hat als an
einer Fratze: aber viele sind so eingetrieben, dass sie sich
schämen, es öffentlich zu gestehen, und das ist schon etwas."
Zu gleicher Zeit wurde Sonnenfels von einem seiner
Anhänger eine Abonnementskarte für das Theater ange-
tragen, wenn er dafür regelmässig berichten wollte, während
andererseits sich Hans Wurst rüstete, den Capakaum (die
stehende Figur des „Mannes ohne Vorurtheil") auf die Bühne
zu bringen.[1]) Warum diese Parodie unterblieb, ist nicht zu
ersehen: ein zwar cultivierter, aber dennoch mit der ganzen
Fabelnaivetät eines Naturmenschen behafteter Wilder, wie
es Sonnenfels' Capa-Kaum ist, es hätte keine dankbarere
Figur für die Posse gegeben. Doch unterblieb es für diesmal, „um mit grösserer Wuth in eigener Pallitosade loszu-
brechen". Sonnenfels aber antwortete auf diese Ankündigung
der Persiflage ruhig: „Diese zügellose Frechheit der Schaubühne, die Ehre der Bürger öffentlich anzutasten, gehört
noch mit unter den alten Sauerteig, den wir nebst manchem
Anderen gerne hinausgeworfen haben wollten."[2])
Aber Hans Wurst hatte noch viele Freunde und einen
starken Fürsprecher in den Cassaerfolgen, und trotz aller

[1]) Ges. Schr. II, 51, Anm.
[2]) Ges. Schr. II, 52. — Ob das Fragment eines Gespräches zwischen
„Kyen-Thyan und Xymora, zweien Einsiedlern auf dem Berge Therbas",
sich ebenfalls auf die Schaubühne bezieht, ist sehr fraglich, doch wäre es
trotz der späteren Anmerkung Sonnenfels', der es auf die Anklageschrift
Migazzis (1766) bezogen haben will, theilweise möglich.

mitgebrachten Stücke war die Impresa bald wieder beim
Hans Wurst angelangt, und selbst Klemm, dem das an der
Seite Sonnenfels' kämpfende „Diarium" [1]) seine „Heirath wider
die Mode"[2]) heftig angegriffen, antwortet in einem Schreiben
des Verfassers der „Heirath wider die Mode" an die Verfasser der gelehrten Nachrichten,[3]) „dass er lieber eine Regel
opfern, als die Darstellung des im Komischen so ausgezeich-
neten Prehauser vermissen wolle". Hiermit beginnt die
Schwenkung Klemms. Wol hatte er sich bereits früher zu
Sonnenfels in einer gewissen Opposition befunden, aber
immer noch offenen Krieg scheuend, hatte er höchstens allgemeine Bemerkungen über jenen gemacht, ohne sie direct
auf ihn zu beziehen. So im Folgenden: [4]) „Warum tragen
diejenigen Kunstrichter, die am allermeisten über den
schlechten Geschmack des Publicums klagen und die Regeln
des Theaters so gut verstehen, nicht durch gute Stücke selbst
etwas zur Verbesserung bei, eine Pflicht, zu der sie als
Menschenfreunde und Genies vollkommen verbunden wären."

Mit Heufeld begann zugleich der Streit, und zwar bei
Erscheinen seines Lustspiels „Der Geburtstag",[5]) einem
höchst elenden Stücke, das ebenfalls die „Wiener Sitten"
darstellen sollte. Sein Inhalt ist eine Familiengeburtstags-
feier mit Kindergratulation, Geburtstagstorten u. s. w. Die
Nachbarn kommen Glück wünschen und endlich wird feierlich zu Abend gegessen. Das Stück, das jeglicher Handlung
vollständig entbehrt, bewegt sich in Hafner'schem Tone und den
gemeinsten Redensarten. Sonnenfels vernichtete es in ebenso unbarmherziger als gerechter Kritik. Heufeld antwortete
mit einem neuen Lustspiel: „Kritik über den Geburtstag",
dessen Aufführung Sonnenfels jedoch zu verhindern wusste,

---

1) Wiener Diarium, Gelehrte Nachrichten, III. Stück, 1766.
2) Beiträge zum deutschen Theater, 1767.
3) Wiener Diarium, Gelehrte Nachrichten, IV. Stück.
4) Oesterreichischer Patriot, 1766, II. Jahrg., II. Bd., 45.
5) Wien 1767.

worin ein gelehrter Kritiker „Jungwitz" (Sonnenfels) eine
lange und von allen Zuhörern bespöttelte Kritik des „Geburtstages" vorlesen muss, bis endlich die Hörer sämmtlich
einschlafen. Sonnenfels hat auf diesen läppischen Angriff
ebenso wenig als auf irgend einen anderen geantwortet. Es
ist daher auch die Schrift: „Gedanken eines Philosophen von
dem Lustspiele: Kritik über den Geburtstag", denen dann
wieder „Gedanken eines unparteiischen Mannes über die Gedanken eines Philosophen" folgten, nicht von ihm.[1]) Sonnenfels' Bemühungen fanden bald Wiederhall im übrigen Deutschland, und mit vielem Stolze registriert er das Lob, das ihm
die neue Bibliothek der schönen Wissenschaften spendete:
„Wie der Zuschauer in London sich über die Opernbühne
lustig machte, so wagt er (der „Mann ohne Vorurtheil") es
auch, die dortige (Wiener) Schaubühne anzugreifen, und
wir glauben, dass er recht daran thut. Wer sich einmal zu
einem Richter der Sitten aufwirft, muss am ersten sein
Augenmerk auf die öffentlichen Vergnügen einer Nation
richten." Der fingierte Brief,[2]) der ihm diese Anerkennung
mittheilt, fordert ihn auf, der Schaubühne nur auch in Zu-
kunft viele Beachtung zu schenken: „Wer hat Sie abge-
halten, Ihre Anmerkungen fortzusetzen? Dass Sie keine
Folge davon sahen? O mein Schriftsteller, wenn diese Betrachtung schuld daran war, mussten Sie eben so wol Ihre
anderen Gegenstände fahren lassen. Für die Theatraldichter
kann ich Ihnen Bürge werden, dass Ihre Kritiken nicht
gleichgiltig sind: aber Sie müssen den Namen nicht gegen
jeden Verfasser eines zauberischen Tschyhy oder sonst eines
Possenspiels[3]) verschwenden, worin weder Zusammenhang,

---

[1]) Wie F. Kopetzky, „Josef und Franz von Sonnenfels, das edle
Brüderpaar," Wien 1882, behauptet.

[2]) Ges. Schr. III, 47.

[3]) Sonnenfels beruft sich hier auf eine Stelle aus den Briefen der
Lady Montague. Dieselbe war im Jahre 1716 in Wien und wohnte der
Vorstellung eines Stranicky'schen Stückes bei. „Es sollte die Geschichte
des Amphitrus vorstellen. Es fing damit an, dass der verliebte Jupiter

no'ch Erfindung, noch Witz herrscht, zu deren Entwerfung
nichts weiter gehöret, als der Einfall eines abenteuerlichen
Titels; je ungeräumter, desto glücklicher; und dann eine
müssige Stunde, so viel nemlich Zeit erfordert wird, die
Auftritte- und Aufzügezahlen nieder zu schreiben und am
Ende eines jeden Aufzuges anzumerken: H. W. führt Jackeln
oder Pantalonen mit einer wuchtigen Tracht Schläge ab, da-
mit die Handlanger Platz bekommen, die Verzierungen der
ewigen Ballete zuzubereiten. Aber wird ein Genie, in dessen
Brust die Funken der Ruhmbegierde sprühen, einer ganzen
Nation, einer Versammlung des einflussreichsten Adels eine
edle Ergötzung zu verschaffen, ein Genie, das sich bei einem
Tartuffe und Menschenfeind oder bei einem Herrmann wie
Cäsar bei der Bildsäule Alexanders rühmlicher Thränen nicht
erwehrt, wird ein solches Genie seinem Stücke nicht die
Anlage, die Ausführung, die Sprache zu geben trachten, die
den Lobspruch eines Schriftstellers verdienet, der seit einiger
Zeit im Besitze ist, die Unterhaltung einer ganzen Hauptstadt zu sein?" Er betont übrigens, dass ausgesprochen
elende Stücke wie die „Megära" viel weniger Schaden thun
als die Mitteldinge, wie der zweite Theil der „Megära", wo
neben dem abgeschmacktesten Einfall ein sich über seine
Gesellschaft wundernder schöner Sittenspruch steht. Als
einen weiteren Mangel und Grund, dass sich die Impresa
auch um die berechtigsten Kritiken leider nicht kümmert,

---

aus einem Guckloche in den Wolken herabfiel, und endigte mit der Ge-
burt des Herkules. Das Allerlustigte war der Gebrauch, den Jupiter von
der Verwandlung machte. Statt der Alkmene zuzueilen, schickt er nach
ihrem Schneider, prellt ihn um ein besetztes Kleid, sowie einen Wechsler
um einen Beutel in Gold und einen Juden um einen Diamantring. Das
Stück war nicht nur mit unanständigen Ausdrücken und auch mit solchen
Grobheiten gespickt, die der britische Pöbel nicht einmal einem Markt-
schreier verzeihen würde." Dies ist die angezogene Stelle, soweit sie
Sonnenfels nicht selbst citiert. Ueber die letzte Uebertreibung, das Com-
pliment dem Londoner Pöbel, „dem Pöbel aller Pöbel", macht sich Gräffer.
Wiener Memoiren, I, 156, wol mit Recht lustig.

v. Görner. Der Hans Wurst - Streit in Wien.   3

wird das Monopol der Theaterdirection angeführt. Denn Wien durfte in der inneren Stadt keine zweite Bühne haben, die Vorstadttheater aber kamen für das bessere Publicum gar nicht in Betracht. Durch dieses Privileg wurde natürlich jede Concurrenz unmöglich gemacht. Freilich die schöne Zeit der vollständigen Concurrenzlosigkeit war bald vorüber. Das in Folge des Trauerfalles „par de raisons supérieures" geschlossene französische Theater wurde auf Drängen des Adels schon im Jahre 1767 wieder eröffnet, und zwar durch den Obristlieutenant d'Affligio,[1] der auch Hilverding seine Pachtung ablöste. Waren dem deutschen Theater schon durch die blosse Wiedereröffnung des französischen die höheren Gesellschaftskreise, der Adel und seine Nachahmer entzogen, so verfiel es unter d'Affligio, der die tüchtigen Kräfte aus der Leitung bald zu verdrängen wusste, selbst aber nicht einmal deutsch verstand, immer mehr und mehr, und der immer noch am meisten lucrative Hans Wurst fand an dem Pächter selbst Rückhalt und Stütze.

Die schärfste Ironie spricht aus einem dem „Manne ohne Vorurtheil" zugeschickten Briefe eines Ausländers,[2] der noch vor der Eröffnung der französischen Schaubühne anräth, der Partei der Unvernunft eine Gegenpartei entgegenzusetzen und hiebei bei dem Adel den Anfang zu machen. „Welchen Vorzug hat Ihr Wien vor allen übrigen Städten Deutschlands an diesem wohlhabenden, einsichtsvollen, grossmüthigen Adel! Die sächsischen und brandenburgischen Schauspielergesellschaften, bestünden sie auch aus lauter Eckhofen und Schönemanninen, auf welche Zuschauer können sie Staat machen? auf wenige Offiziere: denn sie haben den Vortheil der Abonnierung nicht und das Eintrittsgeld täglich zu entrichten, das würde für ihren Wirthschaftsetat eine zu starke Aufgabe sein — dann auf einige Kaufleute." Die

---

[1] Wlassak, Chronik des Burgtheaters, Seite 16. Wlassak schreibt immer d'Afflisio.

[2] September 1766. Ges. Schr. III, 99.

Wiener Verhältnisse müssten ja doch eine schöne Einnahme
hervorbringen, die Ausstattung fördern und die besten Kräfte
möglich machen. Freilich darf man dann die Schauspieler
nicht zu den Parias der Gesellschaft machen, so dass jedes
Talent seine Gabe für das Theater unterdrückt, „dass jeder
Vater den Sohn eher in das Zuchthaus sperren lässt als Schauspieler werden, dass jede Mutter ihre Tochter verläugnet,
sobald sie Schauspielerin geworden". Auch die vernünftige
Theilung der Fächer könnte die Wiener Bühne durchführen
und was die Stücke betrifft, so ist es nicht so sehr der
Mangel an guten, als der Ueberfluss an schlechten Stücken,
dem vor Allem abgeholfen werden müsste. Auch da müsste
der Adel wirken. Er brauchte nur nicht zu lachen, sondern
sittlich entrüstet zu sein, um Dichter und Direction zu ändern.
Sind die alten Miserabilitäten weg, muss man sich im Anfange mit Uebersetzungen behelfen. Nicht weniger kann
der Adel durch Aufmunterung der Nationaldichter bewirken.
„Ein einziges Wort zum Lobe aus dem Munde eines Kau-
nitz, ein Lächeln der Grazie Liechtenstein muss mehr Sporn,
mehr Belohnung sein als alles Gold der Welt, Dichter,
welche für Geld Oden machen, haben einen schlechten En-
thusiasmus, aber es ist ein grosser Reiz, des Umgangs der
Grossen werth zu sein."

Aber diese Grossen hatten eben auch nicht einmal
dies „eine" Wort für die deutsche Kunst. Von dem Adel
ist gar nichts zu hoffen gewesen, von dem Adel, von dem
Sonnenfels selbst gesteht, dass, während ganz Wien seinen
„Mann ohne Vorurtheil" geradezu mit Gier verschlang, nur
der Adel einzig ihn nicht las, und dazu setzt: „natürlich,
ich schrieb ja — deutsch." Trotzdem dass Sonnenfels mehr
wie jeder Andere den damaligen Adel erkannte, ihm mit
der grössten Unerschrockenheit und einem Freimuthe entgegentrat, der Lessing zu dem Ausspruche veranlasste, in
Berlin dürfte man es nicht wagen, dem Adel auf diese
Weise die Wahrheit zu sagen, trotzdem sehen wir Sonnen-

fels bald mahnend, bald ironisch, immer und immer wieder
auf den Adel als den berufenen Beschützer der Künste und
Wissenschaften hinweisen. Der Adel bildet ihm die Seitenenden
der Staatspyramide, an deren Spitze der Kaiser steht, und dieser
ist als Verkörperung des Staatsprincipes verpflichtet, auf
die Bühne Einfluss zu nehmen. Bühne und Staat stehen
für ihn immer in Wechselbeziehung: da sie eine Sittenschule
sein soll, muss sie für den Staat, der über die Sitten zu
wachen hat, ein steter Punkt der Aufmerksamkeit sein;
andererseits hat der Staat auch darüber zu wachen, damit
sie eine Sittenschule sei oder werde.[1])

Dieser Gedankengang war stets für ihn die Richtschnur und mit ähnlichen Sätzen beginnt er auch seine
„theatralische Einleitung“.[2]) Mit dieser beginnt die Orga-
nisation der Partei des regelmässigen Schauspiels, er versucht es, dieser den Massstab, nach dem sie sich bei ihrem
Urtheile richten könne, zu geben, und zwar aufgefor-
dert von einem Manne, „den ich mit der ganzen Stadt
gemeinschaftlich verehre“, worunter wol niemand Anderer
als Freiherr von Gebler[3]) zu verstehen ist, der thatkräftige
Mitkämpfer Sonnenfels’, der mit seiner Autorität auch
endlich dem gesitteten Schauspiele den Sieg verschaffte.

„Die Grille, dass die Schaubühne eine Sittenschule
sei, wird alle Tage durch die Erfahrung widerlegt,“ hatten
die Briefe, die neueste Literatur betreffend,[4]) geschrieben.
„Leider! aber ist die Forderung, die Schaubühne zu einer
Sittenschule zu machen, von allen Seiten betrachtet eine
Grille?“ antwortet ihnen Sonnenfels und beginnt dies an
den einzelnen Factoren zu widerlegen. Wol will der Unter-

---

[1]) Dazu Rob. Zimmermann a. a. O., der aber etwas zu harte Consequenzen zieht.

[2]) Ges. Schr. III, 116 ff.

[3]) Tob. Phil. Freiherr von Gebler, 1726 in Greiz im Voigtlande
geboren, starb als Vicekanzler der Hofkanzlei 1786 zu Wien. Er schrieb
selbst eine grosse Anzahl dramatischer Werke (Prag, Dresden 1772).

[4]) XII, S. 308.

nehmer gewöhnlich nur seinen Vortheil, der Schauspieler
Ruhm und Brot, der Besucher Ergötzung. Aber der Staat
muss verlangen, dass die Bühne der Sittlichkeit wenigstens
nicht hindernd im Wege stehe, dann darf auch der Unternehmer nicht seinen Vortheil auf deren Kosten suchen, kein
Schauspieler etwas gegen sie sprechen oder thun. Dann
ist die gesittete Schaubühne für keinen derselben mehr
eine Grille. „Zuschauer,“ wendet er sich wieder gegen seine
Gegner, „Zuschauer, die ihre Ergötzung nicht in der gereinigten Satire der Schauspiele im witzigen Scherze, in
der Vorstellung der gerächten Tugend, des bestraften La-
sters [1]) zu suchen wissen, Zuschauer, die wie Schweine zu
ihrer Lust Koth brauchen, solche Zuschauer kenne ich keine.
Aber wenn es einige giebt, so mögen sie sich nur erinnern,
dass es nicht erlaubt ist, den öffentlichen Wohlstand auf der
Strasse bei Seite zu setzen, dass die öffentlichen Ergötzlichkeiten unter den Augen der Regierung gehalten werden,
dass die Sitten darunter leiden.“ Er stellt endlich die prä-
cise Forderung: „Der Staat ist verpflichtet, über die Schaubühne die Aufsicht zu führen, damit sie gesittet, wenigstens
damit sie nicht ungesittet sei.“ Das Mittel dazu konnte
aber kein anderes sein als das zweischneidige der Censur.
Wol contrastirt dies scheinbar mit dem ganzen Gedanken-
gange Sonnenfels', des echten Sohnes der Aufklärungsperiode,
und Niemand wird wol heute eine Bühnenreform von oben
herab für das Wünschenswerthe erachten, damals aber konnte
die Reform nirgends anders begonnen werden. Von unten
aus, aus dem Volke heraus war etwas zu thun unmöglich:
langjährige Abgeschlossenheit vom ganzen geistigen Leben des
übrigen Deutschland hatten eine kaum überwindbare geistige
Trägheit hervorgebracht; wenn die Wochenschriften viel
gelesen wurden, so ahnte wol der kleinste Theil der Leser

---

[1]) Vergleiche die entgegengesetzte Ansicht Lessings, Hamb. Dram.
XXIX. Stück.

ihren sittlichen Hintergrund, aber ihn interessierte der
darin verarbeitete „Klatsch" — man wird natürlich die
bessernde Wirkung desselben, in dieser Form vorgetragen,
nicht verkennen — im besten Falle die socialen Fragen der
Aufklärungszeit, zum Mindesten sicherlich die schöngeistigen
Reformen. Diese Werke hatten nur ein kleines Publicum,
man findet in den Subscribentenverzeichnissen, die ihnen
gewöhnlich beigedruckt sind, immer wieder dieselben Namen,
dieselbe kleine Gemeinde. Der lebenslustige Wiener verlangte vom Theater nichts als den Stoff zum Lachen; auf
welche Weise ihm dazu Gelegenheit gegeben wurde, war
ihm gleichgiltig, und je weniger sein Geist dabei ange-
strengt wurde, desto lieber. „Gehen Sie zum Teufel mit
Ihrem Diderot, genug, die Komödie gefällt mir," lässt Bob
seinen Stallmeister über die „bürgerliche Dame" sagen, und
der Kunstrichter muss beschämt von dannen schleichen.
Dem Adel war das Theater anfangs sein Spieltisch. Dann
besuchte er nur die französische Oper, das wälsche Theater,
die Noverre'schen Ballete. Der Mittelstand äffte ihm nach.
Sonnenfels und seine kleine Partei hatte nur einen Weg:
die Staatsgewalt anzurufen, die höchsten Kreise dadurch
zu zwingen, sich für die „gesittete Schaubühne" zu inter-
essiren und das Extempore auf diese Weise gesellschaft-
lich unmöglich zu machen. Sonnenfels verfolgt diese Bahn,
nachdem er sie einmal betreten, mit eiserner Consequenz
und findet bald in Freiherrn von Gebler einen thätigen
Mitarbeiter und Fürsprecher. Keineswegs ist er blind für
die allzuscharfen Consequenzen, die seine Theorie hervor-
bringt, trotzdem bleibt er im Interesse des guten Haupt-
zweckes fest. Es ist ja wahr, nach dem Satze: „sie (die
Staatsgewalt) darf keine Stücke aufführen lassen, wo die
Haupthandlung auf einen Satz hinausläuft, der, ich will
jetzt nur sagen zweideutig ist",[1] oder: „die Sitten müssen

---

[1] Ges. Schr. III, 127.

ebensowenig durch die einzelnen Theile der Handlung, durch
Nebenscenen oder Episoden verletzt werden",[1]) würde das
Repertoire sehr schwach ausgefallen sein; wie er ja selbst
zugestehen muss, dass auch Stücke wie Addisons Cato,
Racines Mithridate, kurz die besten Muster diese Probe
nicht aushalten würden. „Aber," meint er, „man vergiebt
diesen Meisterstücken des menschlichen Witzes Fehler der
Moral." Bei den Trauerspielen, glaubt er, mildert der grosse
Abstand zwischen Zuschauer und der handelnden Person
die Gefährlichkeit. Abgesehen davon mag ihm auch der
Umstand, dass die Tragödie ihr Hauptpublicum nicht im
eigentlichen Volke selbst sucht, zu dieser Entschuldigung
bewogen haben. Wo er aber immer wieder den Hebel
einsetzt, das ist das Lustspiel und besonders die Wiener
Localkomödie. Da ist der grösste Einfluss auf das Volk
und da muss man bessern, denn gerade hier ist es, wo oft
eine „entschiedene Schändlichkeit" aufgeführt wird.[2]) „Gerade sowol sollte man das Laster, die Ausschweifung auch
von der Predigtstube anpreisen!" Wenn sich auch bei
einigen Zuschauern während der Komödie „der musikalische
Hahnrei" Ekel über diese Schandgeburt geltend machte,
„der Pöbel lachte und man darf den Pöbel nicht gewöhnen,
über Schandthaten zu lachen."

Dass aber jede Censur dem Extempore gegenüber
ohnmächtig war, hatte seit 1752 die Erfahrung genügend
gelehrt. Wol war das extemporierte Stück lange gefallen,
aber das Extempore lebte im Hans Wurst weiter. Beides
schien von einander nicht trennbar zu sein, und Sonnenfels
warnt die Anhänger Prehausers mit Recht vor einem Bünd-
nisse mit den Freunden des Extempore: „Geben Sie Acht,

---

[1]) Ges. Schr. III, 132.
[2]) Sonnenfels tritt da in directen Gegensatz zu Lessing (allerdings
später, Hamb. Dram., XXIX, St., der die Regel, dass der Böse bestraft,
der Gute belohnt werde, eher für die Tragödie als für das Lustspiel an-
gewendet wissen will.

meine Herren, dass Sie nicht vielmehr Ihren Bundesgenossen wankend machen!" Er weist auf den Harlekin der Franzosen hin: „Ein Hans Wurst in einem anderen Kleide erhält sich noch immer auf der Schaubühne und extemporiert nicht. Sollte Hans Wurst weniger geschickt sein?" Hier ist auch das Princip ausgesprochen, das Sonnenfels im Hans Wurst-Streite leitet: nicht die Person des Hans Wurstes an und für sich, noch weniger die des Darstellers ist das Object im Streite, es ist stets der Gedanke, dass die Unsittlichkeit nicht, eher verschwinden wird, ehe nicht das Extempore voll und ganz abgeschafft ist, und zum Partisan dieses Extempores machte sich der Hans Wurst. Es wurde bald unmöglich, eines dieser drei Dinge von den anderen zu trennen, so dass sie zugleich fallen mussten.[1]) Der Kampf gegen den Hans Wurst fällt zusammen mit dem Kampfe gegen die Zote. Worauf Sonnenfels bereits in seinem Schreiben an die Verfasser der „Welt" gedrungen hat, die Scheidung des Schauspielers Prehauser von dem Blödsinne seiner Rolle, führte er immer durch. Prehauser ist ihm stets ein bedeutender Schauspieler. „Der Schauspieler verkennt sich selbst, wenn er den Beifall, den er für sich zu fordern berechtigt ist, mit seiner Jacke theilt," sagt er einmal von ihm, und auch nach seinem Tode ist es Sonnenfels, der die wärmsten Worte zu seinem Andenken spricht. In dem Extempore lag die höchste Zügellosigkeit der Bühne, dem Schauspieler war Jedermann preisgegeben, er durfte über Jedermann die Schale seines Spottes ausgiessen. Nachträgliche Bestrafungen desselben waren natür-

---

[1]) Vergleiche dazu Hettner (Gesch. d. d. Lit. 3. Aufl. 1879. III. 1. 375) über Gottsched: „Freilich war es eine lächerliche Harlekinade, als 1737 die Neuberin in Leipzig den Hanns Wurst öffentlich verbrannte, aber es war dabei nicht auf jenen buntscheckigen Narren abgesehen, sondern man sprach damit aus, dass fortan die rohe Zote und das wilde und freche Stegreifspiel mit von der gereinigten Bühne verbannt sei, dass für den pöbelhaften Sinnenreiz der denkende Geist, für die Maske des stehenden Possenreissers die feinere Komik, lebendigere Charaktergestaltung eintrete."

lich wirkungslos, denn das Wort war ja bereits gesprochen.
Die literarischen und socialen Parteien wussten ihre Gegner
auf diese Weise dem öffentlichen Gelächter auszusetzen,
aber auch persönliche Rancune wusste diesen Weg zu finden
zu dem öffentlichen Organ, gegen das jede Vertheidigung
unmöglich und der verständnislosen vielköpfigen Menge
gegenüber auch nutzlos war. Sonnenfels hätte dieses Schicksal zweimal an sich erfahren sollen, beidemal war er demselben entgangen, bis er endlich der Held der grossen Farce:
des „grünen Hutes" wurde.

IV.

Sonnenfels wusste wol, wie viel Feinde ihm der Frei-
muth seines „Mannes ohne Vorurtheil" gemacht hatte, seine
offene Aufdeckung des Protectionswesens, seine reforma-
torischen Vorschläge in socialer und kirchlicher Hinsicht,
sein unbefangenes Urtheil über den Adel hatten ihm Gegner
und Neider von allen Seiten geschaffen. Alle diese konnte
er jedoch leicht überwinden, seine Stellung war bereits eine
gesicherte und er ein Liebling der Kaiserin, zudem regelte
er durch sein verbreitetes Blatt die öffentliche Meinung.
Viel mehr Unannehmlichkeiten als diese Zöpfe und die
„Partei des rothen Hutes", wie er selbst die Anhänger des
Cardinals Migazzi benannte, wusste ihm der „grüne Hut"
zu bereiten, denn dieser hatte in der Bühne ebenfalls sein
öffentliches Organ. Es ist kein Zweifel, dass sich Hans
Wurst den strengen Sittenrichter und Kritiker bereits oft
zur Zielscheibe seines Witzes genommen hatte, noch ehe
der Hauptschlag durch die Klemm'sche Posse geführt
wurde; denn Sonnenfels macht selbst am Schlusse des
1. Jahrganges des „Mannes ohne Vorurtheil" die Bemerkung:
„Das Verbrechen des beleidigten ‚grünen Hutes' ist Hoch-
verrath. Für seinen Groschen hat Jeder die Erlaubniss, mir
in einem gedruckten Bogen zu sagen, dass ich die Ehre

habe, ihm zu misfallen,[1]) und das eben nicht auf die höf-
lichste Weise: aber wenn ich meine fünf Siebzehner im
Schauspiele verloren habe: St! kein Wort darüber."[2]) Diese
Verdriesslichkeiten, gesteht er selbst zu, waren die häufigsten
und „die Partei schimpfte nicht blos, sie handelte".

In der zweiten Hälfte des Februar 1767 „handelte
diese Partei" viel mehr, als sich Sonnenfels je hätte träumen
lassen. Die Theaterzettel des Theaters nächst dem Kärntnerthore brachten um die Mitte des Monates die Voranzeige:
„Man wird künftige Woche auf dem Theater nächst
dem Kärntnerthore aufführen: genannt, der auf den Parnass
versetzte grüne Hut."[3]) Die Aufführung fand am 26. Februar statt.

Zu diesem „Schergendienste" hatte man Klemm ge-
miethet, der aus Sonnenfels' Mitkämpfer dessen erbittertster
Gegner geworden war, sobald er gesehen hatte, dass auch
seine Nachgiebigkeit und Bescheidenheit, mit der er die
Angriffe des „Mannes ohne Vorurtheil" in seinem Patrioten
stets abgelehnt hatte, diesen trotzdem nicht von seinem
aggressiven Wesen abbringen konnten. Einerseits hatte
Sonnenfels seine ersten Pfeile gegen Klemm und Heufeld
wol in der Sucht, allein als Retter und Vertheidiger des guten
Geschmackes gepriesen zu werden, abgeschossen, andererseits mag wol Klemm, der sich nicht ganz mit Unrecht die
Priorität in der Bekämpfung des Hans Wurstes vindicieren
mochte, der seinen früheren Mitarbeiter und späteren Con-
currenten so schnell sich über den Kopf wachsen, endlich
aber seinen „Patrioten" durch den allmächtigen „Mann ohne
Vorurtheil" vollständig verdrängt sah, auch nicht an freund-
schaftlichen Gefühlen zugenommen haben. Ausserdem war

---

[1]) Bezieht sich auf die eingesendeten Briefe, die dann gewöhnlich
abgedruckt wurden.
[2]) Ges. Schr. II, 164.
[3]) Hier vergl. Sauer, Wiener Neudrucke 4. Einleitung.

Klemm im Juni 1766 in ein näheres Verhältnis zur Bühne
getreten und kann sich vielleicht durch die immerwährenden
Angriffe, die sich der Direction Hilverdings gegenüber
eher verschärften, mitbeleidigt gehalten haben. Sonnenfels
hatte ja selbst mit Hilverding zusammen gearbeitet, sah aber
bald ein, dass die Direction trotz ihrer guten Absichten
nichts Bedeutendes in seinem Sinne leisten würde. Auch
das mag er wol bald erkannt haben, dass die Klemm und
Heufeld auch noch nicht den wünschenswerthen Fortschritt
der Schaubühne bedeuten: seine norddeutschen Muster lagen
ihm immer im Sinne, der Dialekt, von dem sich die Wiener
nicht frei machen wollten, war ihm, wenn er auch hierin
einige kleine Concessionen zu machen gezwungen war,
immer ein Dorn im Auge: einesteils wegen des äusserlichen
Grundes, dass sich die so bitter bekämpfte Fratze des
Dialektes als Hauptreizmittel bediente, so dass er in seinem
Uebereifer so weit gieng, den Dialekt vollständig unter-
drücken zu wollen, um einem weiteren Anhängsel der Stegreifkomödie den Hals zu brechen, anderenteils wol auch,
weil ihm die dialektfreien Ausländer vorschwebten. Vielleicht könnte man hier auch einen dritten tieferen Grund
annehmen. Seit Anfang seiner Thätigkeit kämpfte Sonnenfels — und auch hierin hatte ihn die Klemm'sche „Welt"
unterstützt — für die Verdrängung der fremden Sprache,
der französischen aus den feineren Salonkreisen. Er weist
aber auch zugleich darauf hin, dass man sich bemühen
müsse, „gut deutsch" zu sprechen, und verurtheilt die Wen-
dungen des gewöhnlichen Jargons, als: „er hat ihm gesehen,"
mit aller Entschiedenheit, da sie nicht weniger falsch seien
als ein „video illi". Vielleicht nun hat die Zusammenstellung
dieser Bestrebungen ihn zu dem Resultate gebracht, dass
der „Gesellschaft", wenn sie zur Anwendung der deutschen und zur Verdrängung der fremden Sprache ange-
eifert werden soll, auch für die fremde eine ebenso
ausgebildete eigene gegeben werden muss. Sollte das

Deutsche fernerhin nicht als ausschliessliche Sprache der
Dienstboten und des Pöbels gelten, musste es auch von
allen Unarten gereinigt werden. Freilich schreibt er die
pöbelhaften Ausdrücke dabei immer der Mundart zu. Aus
demselben Gesichtspunkte sind seine vielfachen Klagen, dass
man keine Sprache des feineren Lustspiels besitze, dass es
an einer Sprache der gebildeten Stände überhaupt mangle,
zu betrachten.

Klemm und Heufeld mögen anfangs dieselben Absichten gehabt haben. Sie mussten aber den Dialekt dann
doch wieder anwenden, um das Localcolorit in ihren Stücken
zu Stande zu bringen. Hafner hatte die Bezeichnung „auf
die Wiener Sitten eingerichtet" bei dem Locallustspiele ein-
geführt, und seither wurde auch fast Alles auf die Wiener
Sitten geschrieben. Man dachte damit schon ein Localstück
zu haben und man hatte damit doch nur den einen oder
den anderen Typus, der dann erst recht kein speciell Wiener
war, so der beliebte sich über seinen Stand erhebende
Bürger. „Von welcher Gattung haben sie (die Dichter) diese
Sitten entlehnt? Es würde ihnen schwer werden, eine be-
stimmte Antwort zu geben, — ein Haus, eine Familie und
nicht Wien, nicht die ganze Stadt."[1]) Ihnen schien mit dem
Dialekte, dem Localton bereits Genüge gethan.

„Ich schreibe und lebe in Oesterreich, ich habe mich
bestreben müssen, dem Publicum zu gefallen. Ich habe
also das Locale in Charakteren und Sprache unmöglich vermeiden können, das der Stadt gemäss ist," bemerkt Klemm
in der Vorrede zu seinen Beiträgen, und ebenso heisst es in
dem Vorbericht zu seiner „Heirath wider die Mode":[2])
„Dieses Stück wurde vorzüglich auf die Wiener Sitten gearbeitet. Die glückliche Schilderung hätte ohne den eigentlichen Ausdruck der Nation keine Wirkung gethan. Ich

---

[1]) Briefe über die Wiener Schaubühne. Ges. Schr. VI, 87.
[2]) Ebenfalls in den „Beiträgen" enthalten.

habe also da die Provinzialsprache am meisten beibehalten müssen, besonders im Munde Eleonorens,[1]) welche man vom niedrigsten Pöbel nicht unterscheiden würde, wenn sie nicht besser gekleidet wäre und Fräulein hiesse."

Sonnenfels bemerkt scharf darauf, „man müsse also an die Ausländer die Warnung richten, die Wiener Sitten nicht nach diesen Stücken zu beurtheilen, da der Dichter, der nur für solche Gesellschaften das Wort führen kann, die Originalien zu seinen Fräuleins unter den Dirnen aufsuche",[2]) und Heufelds Talent, meint er, habe sicher seine Berechtigung, wenn er nur das Ekelhafte, welches niemals durch die Nachahmung gefällig werden kann, vermeiden könnte.[3])

Trotz aller dieser angeführten Umstände, die die Kluft zwischen Sonnenfels und Klemm zu erweitern im Stande waren, hätte Letzterer aus eigenem Antriebe nicht derartig gegen die Traditionen seiner Vergangenheit gehandelt, wäre ihm nicht von anderer Seite das Messer an die Kehle gesetzt worden. Aus Sonnenfels eigenen Aeusserungen geht dieses hervor. Die Direction selbst oder Freunde des Possenspieles, die auf jene Einfluss hatten, zwangen den Theatersecretär zu ihrem Willen, indem man ihm nur die Wahl zwischen dem Ausarbeiten des verlangten Stückes und seiner Entlassung gestellt zu haben scheint. Klemm, der fortwährend mit Nahrungssorgen kämpfte und so kämpfte, dass er im Vorwort zu seiner „Schule der Liebhaber"[4]) halb scherz- halb ernsthaft der Kritik, die ihm vorgehalten, dass in diesem Stücke die Fabel bis zum Unmöglichen ausgedehnt sei, gegenüber sich entschuldigt: „Die Zeiten sind

---

[1]) Die eingebildete Tochter eines durch seine Verschwendung zu Grunde gerichteten Ehepaares, die sich stets auf das grosse Fräulein hinausspielt und in Sprache und Sitten das gemeinste Frauenzimmer ist.

[2]) Briefe über die Wiener Schaubühne. Ges. Schr. VI, 397.

[3]) Ibid. VI, 408.

[4]) Ebenfalls in den „Beiträgen", die dasselbe Jahr (1767) erschienen.

eisern; ökonomisch genommen ist es allemal für den Autor
vortheilhafter, wenn das Buch dicker, als wenn es mager
ist —" Klemm musste wol das Erstere wählen.

. So gieng denn am 26. Februar „Der auf den Parnass
erhobene grüne Hut"[1]) wirklich in Scene, mit Prehauser als
Hans Wurst, unter ungeheurem Andrange des Publicums,
aber nicht mit dem erwarteten Beifalle.

Im Vordergrunde der Parodie steht natürlich der Hans
Wurst, welche Rolle vollständig extemporiert war, obgleich
in der gedruckten Ausgabe[2]) der Dialog vollständig ausgearbeitet ist.

Die Personen des Stückes waren: Apollo, Thalia, Mercur,
die Kritik, Momus, Odoardo (Weisskern) und der Hans Wurst.

Der Inhalt des Stückes ist kurz folgender: Thalia ver-
klagt die Kritik bei Apollo, dass diese dahinstrebe, Scherz
und Frohsinn von der Bühne zu verbannen, ja dass sie
Apollo selbst vom Parnass zu stürzen versuchen wird, um
sich und ihren Liebhaber Momus an seine Stelle zu setzen.
Die Kritik, die in der zweiten Scene selbst erscheint, mischt
sich in das Gespräch, in dem es bereits nicht an Ausfällen
gegen die Kritiker fehlt, die anstatt Federn Schlangen führen,
welche doch nur ein Echo der Zuschauer sein sollen, da
diesen allein die eigentliche Kritik zusteht. Da meldet Mercur
eine grosse Verschwörung gegen Hans Wurst, und Apollo,
zum Richter in dem Streite von Thalia und der Kritik an-
gerufen, erklärt sich zum Schiedsrichteramte bereit, jedoch
müsse er vor Allem Hans Wurst einmal spielen sehen. Es
wird denn eine Expedition nach der Erde gemacht, Mercur
übernimmt es, die ganze Sache zu arrangieren. Damit
schliesst der erste Act und der Zuschauer wird vom Olympus

---

[1]) Sonnenfels nennt es: Die zehnte Muse. (Sonnenfels an Klotz,
25. October 1768. S. Rollet: Briefe Sonnenfels' an Klotz.)
[2]) Bei Krauss in Wien (Deutsche Schaubühne, 11. Bd.) 1767.
W. Müller giebt die unmögliche Jahreszahl 1765 an. Neu herausgegeben
von Dr. A. Sauer. Wiener Neudrucke Nr. 4. Wien Konegen 1883.

auf die Erde geführt. Mercur fordert den im Garten Odo-
ardos umherwandelnden Prehauser auf, in der Villa des
Besitzers ein Stück mit aufzuführen. Prehauser will wol
spielen, aber nicht den grünen Hut aufsetzen und das bunte
Kleid anziehen, entschliesst sich aber doch nach vielem
Drängen der Uebrigen endlich dazu. Die Göttlichen übernehmen selbst die Rollen in dem aufzuführenden Stegreif-
lustspiele, die Exposition wird besprochen, die Kritik macht
die Colombine. Ein alter Kaufmann (Odoardo) — so ist
die Exposition — will seine Tochter Isabella (Thalia) nur
demjenigen zur Frau geben, der all' seine kleinen Schwach-
heiten errathen kann. Leander (Apollo) gewinnt Isabella
durch Hilfe seines verschlagenen und lustigen Dieners Hans
Wurst, der nun in den verschiedensten Verkleidungen, bald
als grosssprecherischer Officier, bald als Gelehrter erscheint,
in welcher Gestalt Prehauser in Maske und Ton vollständig
die Persönlichkeit des allgemein bekannten Professors und
Regierungsrathes Sonnenfels copierte. Hier in dieser Scene
war ihm Gelegenheit gegeben, seine giftigsten Witze spielen
zu lassen, und es fehlte nicht an Bemerkungen, wie die fol-
gende: „Ich sage dem Autor ohne Umstand, dass er ein
schlechter Schriftsteller ist, weil er mich nicht zu Rathe gezogen hat." — „Und falls er Sie zu Rathe zieht?" — „Dann
stelle ich ihm so viel daran aus, dass er es nicht mehr
brauchen kann." Oder (Lysimon): „Aber mein Herr! dumme
Leute loben nach Empfindung." (Prehauser:) „Und wir anderen Gelehrten, wir klugen, nach Absichten." Oder: „Was
ist der gute Geschmack?" (Prehauser): „Was ich davor
ausgebe." Andererseits wird Alles gethan, um den grünen
Hut zu rechtfertigen, was hauptsächlich dadurch geschieht,
dass behauptet wird, diese Maske erlaube dem Schauspieler,
Sachen zu sagen, die der Livrée nicht hingehen würden, dass
sie eine Art strafende Gerechtigkeit vorstelle gegenüber den
menschlichen Thorheiten, und endlich, dass der Hans Wurst
allein die Lustigkeit der Bühne ausmache. Der dritte Auf-

zug spielt wieder auf dem Parnasse und Apollo, von der
Meisterschaft Prehausers entzückt, befiehlt der Kritik, diesem
abzubitten, und an der Hand Apollos wird nun Hans Wurst
als zehnte Muse auf den Parnass gehoben, wobei er den
grünen Hut, den er höchst undankbar am Fusse zurück-
lassen will, ausdrücklich mitnehmen muss. Das Stück
schliesst mit einer Ansprache Apollos an Prehauser, „der
schon seit 44 Jahren einen allerhöchsten Hof, einen höchsten
Adel und ein erleuchtetes Publicum vergnügt," worauf Prehauser erwidert: „So lange mein grauer Kopf noch Gedanken
sammeln kann, so lange dieser alte Körper noch aufrecht
steht, so lange werde ich alle meine Kräfte anwenden, dem
grössten Hofe Europas und der besten Nation meine komischen Vorstellungen zu widmen."

Mit dieser Ovation, dem alten Prehauser gewidmet,
schliesst die ganze Farce.

Sonnenfels hatte von dem Anschlag früher durch seine
Freunde erfahren, überdies war Prehauser und seine Partei
bemüht, die Kunde von ihrem Plane in der Stadt zu ver-
breiten, und wenn auch die Imitation der Person Sonnenfels'
nicht im Voraus bekannt sein mochte, dass das Stück gegen
den „Mann ohne Vorurtheil", den allerorts gefürchteten Sa-
tiriker, gerichtet war, wusste Jedermann. Sonnenfels, tief
gekränkt, eilte in seiner ersten Erregung zur Polizei, um
durch die Censur, wie es ihm bei der Geburtstagskritik gelungen war, auch hier ein Verbot zu erwirken. Doch um-
sonst. Man kann dies vollkommen begreiflich finden. Mit
Ausnahme der wohl vorher unbekannten Idee Prehausers,
Sonnenfels selbst auf die Bühne zu bringen, und verschiedener, im Texte nicht enthaltener extemporierter Stellen,
war das Stück, wie schon aus dem gegebenen Inhalte und
den Proben hervorgeht, ganz allgemein gehalten. Dass es
den Hans Wurst verherrlichte, war ja für sich kein Grund
für die gesetzliche Unterdrückung. Man braucht hiebei
keineswegs die Ursache, die Sonnenfels anführt, anzunehmen,

da er sagt: „Ich vergass, dass ja die sittenlosen Schauspiele unter den Augen der Polizei unter Genehmhaltung der Censur aufgeführt wurden."¹) In einem anderen Punkte aber zeigte sich die Intrigue seiner politischen und persönlichen Gegner, die offenbar hofften, dass mit einer derartigen öffentlichen Verspottung des Kritikers und Schriftstellers auch zugleich der freimüthige Politiker, der gefährliche Neuerer und der unangenehme Lehrer unmöglich gemacht werden würden. Als Sonnenfels den gegnerischen Streich dadurch parieren wollte, dass er in dem XI. Stücke des „Mannes ohne Vorurtheil", einen zum Theil fingierten Inhalt des Stückes gab, wurde das Blatt, das am 15. Februar, also noch vor der Aufführung hätte erscheinen sollen, verboten und ihm das „Imprimatur" versagt.

Dieses Blatt hätte die Lacher auf seine Seite bringen sollen, hätte noch einmal Alles gegen die Fratze resumiert und den ganzen Hohn vom Angegriffenen auf die Angreifer zurückgeschleudert, es hätte nach seiner eigenen Ansicht die Farce gegen ihn in eine Parodie für ihn umgestaltet. Nachdem er nochmals die Gefahr, die die Hanswurstiaden für den guten Geschmack bergen, hervorgehoben und die bisherigen Erfolge seiner Bemühungen dargestellt, erklärt er in dem unterdrückten Blatte,²) dass der Gipfelpunkt derselben durch die Theaterdirection mit·dem angekündigten Stücke erreicht worden.

„Die hiesige Theatralunternehmung, um nicht blos den Gedanken der Neuberin nachzuahmen, ergreift einen Weg, die Feier des von der Bühne verwiesenen Hans Wurstes zu begehen. . . . Schon die Aufschrift mahnt an die komischen Heldengedichte, wie ‚Die geraubte Tonne‘ etc., man erräth sogleich das Unschickliche der Meinung, als ob der Hans Wurst in dem Reiche des Witzes und der gesunden Ver-

---

¹) Mann ohne Vorurtheil. Ges. Schr. VII, 314.
²) Ibid., II. Jahrg., XI. Stück. Ges. Schr. III, 313 ff.

nunft Forderungen zu machen berechtigt wäre. . . . Die Ausführung rechtfertigt die Aufschrift vollkommen. Der Styl
ist niedrig, nur hie und da mit grossschallenden Wörtern
aufgestützt: ein Bettlersack mit reichen Lappen versetzet.

„Die Personen des Lustspiels sind: Apollo, Thalia, Mercur, die Kritik, endlich der Candidat um die zehnte Musen-
stelle, Hans Wurst verjährten Andenkens, wie man künftig
sagen wird.

„Apollo eröffnet das Schauspiel mit Thalien, die ihm,
wie auch billig ist, wehmüthig klagt, dass man ihr Reich
zerstören und Munterkeit und Scherze verjagen will. Man
habe aus Mangel eigener Talente zum Drama die schwär-
zeste Verschwörung wider sie gemacht. Apollo, der diesen
verstellten Schmerz unterstützen und auch den Parnass einmal mit einer Burleske ergötzen will, fragt die Muse, wer
wol diese Vermessenen sind, die sich erkühnen, Thalien
dieses Unrecht anzuthun? Wer anders, sagt ungefähr Thalia,
als der Momus, dieser Neider aller Vorzüge, die er nicht
besitzt, derweil es ihm selbst an Genie gebricht, sich in der
theatralischen Dichtkunst zu unterscheiden, durch Hilfe der
boshaften Spötterei, die er mit der Kritik erzeugt, meine
fähigeren Söhne abschrecken will, sich Ruhm in diesem Felde
zu erjagen. . . . Diese Bösewichter, wird sie schluchzen, und
besonders ein kühner, unempfindlicher, furchtbarer Mann aus
dem Gefolge der Kritik, der sich durch Grobheiten nicht
irre machen lässt, diese haben es schon so weit gebracht,
ihre Kabale verstärkt sich täglich, sie haben bei dem Namen
des gesunden Menschenverstandes geschworen, über keinen
platten Einfall mehr zu lachen, und wenn die Stadt auf das
Sinnreichste mit einer Hose verglichen wird, auszuspeien. . . .
Um das Lachen zu verbergen wird Thalia ein Schnupftuch
vor das Gesicht nehmen, wie es unsere tragischen Damen
zu machen pflegen, Apollo aber wird das Schnupftuch für
ein Zeichen des Schmerzes ansehen und Thalia trösten.
Aber diese wird weinerlich herausstammeln: Sogar meine

Stütze, die Zierde meines Reiches, Hans Wursten, dessen
Vortrefflichkeit ich Völkern, die ich meiner Gunst nicht
gewürdigt, den unpolizierten Griechen und Römern, nicht
geoffenbaret und nur meinen geliebteren Deutschen und unter
diesen meinen Günstlingen, den Wienern, vorbehalten habe,
auch ihn griffen sie mit Gewalt an. . . . Apollo lässt nun
durch Mercur die Beklagten herführen, und diese berufen
sich auf Gründe, die in einem gewissen Blatte enthalten
waren.

„Was Gründe, wird man schreien, man will in der
Komödie lachen! — .. Was Unanständigkeit, was Ausländer,
man will in der Komödie lachen! Nun erscheint Hans Wurst,
dem das Publicum durch Klatschen die letzte Ehre erweisen wird.

„Er aber wird bescheiden von sich sprechen: Ich allein
bin Thaliens Gunst werth, und in diesem Hute, wobei er
seinen Hut meisterhaft herumtrillern und manches Zwerch-
fell erschüttern wird — und in dieser Jacke ist Plautus und
Molière, und diese Pritsche ist schärfer als alles Salz, eine
Zuflucht verwaister Autoren, Aufzüge zu enden und Knoten
zu lösen.

„Apollo wird sagen: ‚Wie viel ist seine Sprache ein-
dringlicher als eure Sprache‘ und das Urtheil fällen: die
Kunstrichter sollen verurtheilt sein, künftig nur von dem
kleinen Haufen der Kenner geschätzt zu werden, aber
ihnen zum Trotze werde er, Hans Wurst, von den Sterb-
lichen auf den Parnass erhoben und durch ihn der Sitz der
Künste durch eine zehnte Muse bereichert werden. Nun wird
Hans Wurst als die zehnte Muse installirt und muss trotz seiner
Weigerung den grünen Hut mitnehmen, denn Thalia sagt:
In diesem Hute haben Sie rechtschaffenen Leuten so viel‘
Vergnügen gemacht. Ihre Carricaturmalerei würde ihre
Stärke in vielen Tausend Gemälden verlieren. Die schein-
bare Dummheit, mit der Sie das Lächerliche so glücklich
aufdecken, würde das Vergnügen nicht mehr erwecken.

Lassen Sie mich Ihnen diesen Hut aufsetzen und verlachen
Sie Ihre Feinde auf der Zinne des Parnasses."

Bei einem Vergleiche des von Sonnenfels unterlegten
Inhaltes mit dem wahren zeigt es sich wol zur Genüge,
dass dieser von dem letzteren ziemlich gut unterrichtet
war, da er mit Ausnahme des eingelegten Stegreifstückes
die 'Posse fast Scene für Scene parodiert. Unbedingt muss
man zugestehen, dass diese Textunterlegung, wenn sie zur
rechten Zeit erschienen wäre, ihren Zweck sicherlich nicht
verfehlt hätte. Sie hätte immerhin einen Theil des Publicums wankend gemacht, ja bei einem grossen Theile hätte
sie sogar unbedingten Glauben gefunden, denn es gab sicher
eine Anzahl Leute, Kaffeehausleser und kleinere literarische
Dilettantenzirkel, die dem „Manne ohne Vorurtheil" blind zu
folgen gewohnt waren.

Der Erfolg war, wie schon oben angedeutet, trotz des
ungeheueren Zulaufes der Menge ein sehr geringer: man
lachte viel, aber klatschte wenig Beifall. Die Frechheit,
auf diese unverschämte Weise einen hohen Beamten, einen
Professor der Universität dem öffentlichen Spotte preiszu-
geben, mag doch Vielen zu stark gewesen sein, und die
Klage Sonnenfels', dass die Ehre eines Bürgers der Posse
machtlos anheimgegeben wird, nur zu deutlich bewiesen
haben. Dem Galleriepublicum dagegen war, da dieses für
literarische Streitigkeiten kein Interesse hatte, der eigentliche Witz des Stückes unverständlich und der Weg des
Dialogs wurde vielleicht eben durch die darin liegende
Absicht für diesen Theil der Zuschauer noch geschmälert.
Das, was dieses sonst bejubelte, war hier nur verkürzt geboten, durch die Komödie in der Komödie.

Jedenfalls verschwand die ganze Posse ausserordentlich schnell wieder von der Schaubühne und bewirkte sogar
das Gegentheil von dem, was sie beabsichtigt hatte. Die
Partei des regelmässigen Schauspiels wuchs immer mehr an
und bald bekam sie sogar Zuzug aus den höheren Kreisen.

Sonnenfels, dessen Eitelkeit schwer getroffen war, gab sich nicht so leicht zufrieden und übergab nach der Aufführung dieselbe Nummer des „Mannes ohne Vorurtheil" mit einigen angefügten Zeilen nochmals der Censur. In diesem Anhange spricht er der „Truppe von Verfassern", das heisst wol Bestellern und Verfassern, seinen Dank aus, dass sie ihn vor der ganzen Stadt als einzigen Mann von Geschmack hingestellt hätten, und mit beissender Betonung fügt er hinzu, dass er nicht mehr zu richten habe, wo die Nation eine derartige Unverschämtheit vergeben konnte: „da sie (die Verfasser), nachdem sie selbst (in dem Stück) bekennen, Hans Wurst sei um diejenigen zu vergnügen, deren Nerven zu den feinen Empfindungen nicht gemacht sind, dem Apollo die Worte in den Mund legen: dass Prehauser vier und vierzig Jahre einen allerhöchsten Hof, einen höchsten Adel und erleuchtetes Publicum zu vergnügen die Ehre habe."

Aber auch dieses Blatt durfte nicht ausgegeben werden, es passierte auch diesmal nicht die Censur und erst in den gesammelten Schriften (1783) kam es an die Oeffentlichkeit. Als Sonnenfels sah, wie die Partei des grünen Hutes sich mit demselben Tage selbst den Todesstoss gegeben, erfüllte es ihn sogar mit Stolz, der Märtyrer der guten Sache zu sein, und er schrieb ausführliche Briefe darüber an seine auswärtigen Freunde, so an Weisse und Klotz,[1]) kam auch in seinen Schriften gerne darauf zurück und schloss dieses Quartal des „Mann ohne Vorurtheil" mit dem vollen Stolze eines unangetasteten Rufes.[2]) Der Leserkreis seines Blattes hatte sich vergrössert, er selbst hatte nicht nur Freunde, er hatte auch Beschützer gefunden. Er weiss wol, dass nun die Krisis in dem ganzen Streite gekommen ist, und wieder wendet er sich nach oben: „Die Nation ist in allgemeiner Erwartung, ob erlauchte Beispiele berech-

---

[1]) Brief vom 25. October 1768. Hagen, Briefe deutscher Gelehrten an Klotz 1773. Rollett a. a. O.

[2]) Ges. Schr. III, 397.

tigen werden, sich öffentlich für die gute Sache zu erklären, oder ob man nur im Finstern sich versammeln und über den verwaisten Geschmack ein Klagelied wird anstimmen müssen." Immer näher schloss sich Staatsrath von Gebler an Sonnenfels an und es gewann dieser dadurch einen starken Fürsprecher bei Hofe, während seine Streitigkeiten mit Cardinal Migazzi ihm in dem Staatsrathe van Swieten einen mächtigen Freund verschafften, der ihm auch im letzten Stadium des Hans Wurst-Kampfes treu zur Seite stand. Im „Manne ohne Vorurtheil" traten von nun an die social-politischen Fragen vollständig in den Vordergrund, aber gerade sie sind es, die Sonnenfels zu einer um so einflussreicheren Person machen, je mehr die Aufklärungsperiode an ihre Verwirklichung geht, so dass er auch seinen dramaturgischen Doctrinen mit seinem Ansehen als politische Persönlichkeit Nachdruck geben kann. Statt der einheimischen Freunde hatte er mächtige auswärtige gewonnen. Sein Verkehr mit Klotz und dem später nach Wien berufenen Riedel [1]) stand in vollster Blüthe, ein lebhafter Brief- und Schriftenwechsel fand zwischen diesen Männern statt, und auch mit Nikolai, seiner „Allgemeinen deutschen Bibliothek" [2]) steht er auf sehr gutem Fusse.

Man ist bereits allgemein gewöhnt, in ihm den Führer der geistigen Bewegung Oesterreichs zu erblicken, ihm die ganze Ehre einer solchen zu vindicieren, während das Gekläffe seiner unbedeutenden Gegner ausserhalb des Weichbildes der Residenz nicht mehr gehört wird, und nur in den vertraulichen Briefen an Klotz kommen noch die Namen Klemm und Heufeld vor.

---

[1]) Fr. Justus Riedel, geboren 1742 in Visselbach bei Erfurt, starb zu Wien 1768 im Wahnsinn.

[2]) Die auf dieses Verhältniss bezüglichen Briefe und Kritiken hat Kopetzky vollständig a. a. O. gesammelt.

V.

Unter solchen geänderten Umständen erschien am
24. December 1767 das erste Stück der „Briefe über die
Wienerische Schaubühne". Die Frage, ob Sonnenfels Lessings Hamburgische Dramaturgie, deren erstes Stück am
19. April desselben Jahres erschien, gekannt und daraus
die Idee zu seinen Briefen geschöpft habe, dürfte schon
aus dem Grunde zu bejahen sein, da der „Mann ohne Vorurtheil" den Prospect der Hamburger Bühne früher, als er
in Hamburg selbst ausgegeben war,[1]) brachte, woraus das
grosse Interesse, das Sonnenfels an den Hamburger Vorgängen nahm, genügend hervorgeht. Die „Hamburgische
Dramaturgie" hatte am 27. October ihren ersten Band voll-
endet, welcher also bereits vollständig in Sonnenfels Händen
sein konnte. Uebrigens liess ebenfalls 1767 Klemm seine
„Wienerische Dramaturgie"[2]) erscheinen, bei der schon der
Titel auf die Nachahmung hinweist. Bei Sonnenfels aber
kann nie von einer Nachahmung, sondern blos von einer
Anregung gesprochen werden, denn beide Schriften haben
nur das eine Gemeinsame, den Willen, die Schaubühne zu
heben. Sonnenfels fühlte wol selbst das Bedürfnis, dem
Theater, das er im „Mann ohne Vorurtheil" hinter die übrigen
Materien zurücktreten lassen musste, eine vollkommenere
und ausführlichere Behandlung angedeihen zu lassen; aber
wol wissend, welche Hindernisse sich seinem Namen ent-
gegenstellen würden, nicht weniger mit dem Vorurtheile
rechnend, das er selbst einmal[3]) mismutig in die Worte
gekleidet hatte:

---

[1]) Die Eröffnung der Hamburger Bühne sollte zu Ostern 1767
stattfinden, der „Mann ohne Vorurtheil" brachte den Prospect schon No-
vember 1766.

[2]) Eine keiner Beachtung werthe Zeitschrift, die blos 12 Stücke
erlebte.

[3]) Motto zu einem Stücke seiner hauptsächlich für Frauen berech-
neten Wochenschrift: Theresia und Eleonore, 1767.

„Sich ekeln Deutschen zu empfehlen,
Muss sich der deutsche Witz in fremde Tracht verhehlen“,

führte er sich dem Wiener Publicum in der Maske eines
Franzosen vor, der, sich eine Zeit lang in Wien aufhaltend,
seine Beobachtungen über die Schaubühne einem Pariser
Freunde mittheilt.

Dass er seinen Zweck erreichte, erzählt er selber:
„Als Franzose — so lange man ihn dafür hielt — vergab
man ihm beinahe Unverschämtheiten und nannte sie aller-
liebsten Muthwillen.“[1]) Erst 1768, als er daran gieng, die
Briefe fortzusetzen, liess er die Maske fallen und trat selbst
auf den Plan.

Seine Briefe[2]) sollten ähnlich wie Lessings Dramaturgie anschliessend an die gegebenen Stücke die ganze
Materie durchsprechen, alle Umstände in das Auge fassen;
und so trat er denn nicht sogleich mitten in die Behandlung des Theaters als solches ein, sondern begann damit,
die Hochgeborenen und ihre Abneigung gegen die deutschen
Schriftsteller zu schildern, wieder seinem alten Grundge-
danken gemäss, dass ja die Grossen zum Mäcenatenthum
geradezu verpflichtet seien. Er schliesst damit an den
„Mann ohne Vorurtheil“ an und bezeichnend genug ist er,
nachdem er Glucks „Alceste“, freilich nur mit dem Auge des
musikalischen Laien[3]) abgehandelt, sogleich wieder bei
seinem Elemente, dem Possenspiele angelangt. Der Brief
vom 22. Januar 1768[4]) ist vielleicht die bedeutendste der
gegen den Hans Wurst gerichteten Schriften, die schärfste
und energischeste Verurtheilung der Posse. „Wenn — be-

1) Vorrede zu den Briefen.
2) „Briefe über die Wiener Schaubühne von einem Franzosen.“
Ges. Schr. V, 131 ff. VI. — Wiener Neudrucke, Nr. 7.
3) Was ihm den Tadel der „Allgemeinen deutschen Bibliothek“
eintrug.
4) Ges. Schr. V, 189.

ginnt er — ein Wienerischer Cotta [1]) es wagt, ein Stück von musterhaftem Inhalte erscheinen zu lassen, so möchte er immer den grossen Haufen der Zuschauer vorhinein dazu bereiten und ihnen ankündigen: dass in diesem Stücke Hans Wurst nicht erscheinen, dass der Inhalt dieses Trauerspieles rührend und die Vorstellung den Zuschauern Thränen entreissen würde, und dann — ja dann wird das Schauspielhaus so wüst und leer sein, als es bei der zweiten Aufführung von ‚Hermann und Thusnelda‘ war."

Die Schaubühne Wiens war unter d'Affligio unsagbar gesunken und fast stand man nicht weiter als zu Anfang des Theaterkrieges vor zehn Jahren. Die Titel der Stücke allein waren eine Schmach für die Bühne; ein „Jackerl von St. Marx", „Die drei Hanswurste von Salzburg", „Die Macht der Fee Galanthine", „Die galante Pilgerin" zeigten genügend, wie weit man es nach zehnjährigem Ringen gebracht hatte.[2]) Das blödeste Wortspiel, die schmutzigste Zote und ewige Zweideutigkeiten blühten wie zur Zeit Bernardons und auch das Publicum war ernüchtert, gegen die deutsche Bühne vollkommen theilnamslos geworden.

Als man Ayrenhoffs [3]) „Hermann und Thusnelda" aufführte, ein zwar ebenso wie die übrigen Stücke dieses

---

[1]) Pietro Cotta liess am Anfange des XVIII. Jahrhunderts bei Aufführung des „Aristodemus" des Dottori ankündigen, „dass das Stück sehr rührend sein werde und Arlequino nicht darin erscheinen werde".

[2]) Sonnenfels selbst gibt dem Briefe einen Theaterzettel als Probe bei. „Heute Diensttags, den 29. Dezember wird auf dem kais. priv. Theater nächst den Kärntnerthore aufgeführet werden: eine wol intriguirte überaus lustige und sehenswürdige Hauptbourlesque, betittelt: die grösste Thorheit der Welt ist eine ungegründete Eifersucht zwischen vernünftigen Eheleuten, mit Hanswurst, einem lustigen Gastwirth, eifersüchtigen Ehemann, lächerlichen Prokurator des Hausfriedens, neumodischen Frauenzimmer, kuriosen Hochzeitbitter und brutalen Trakteur." Man vergleiche dazu den alten Pressburger Theaterzettel, um den geringen Fortschritt zu bemerken.

[3]) Cornelius Hermann von Ayrenhoff (auch Airenhofer genannt), 1733—1819, zuletzt Feldmarschalllieutenant, der grösste Wiener Gott-

58

Poeten höchst mittelmässiges, französierendes Product Gottschedischen Styles, dem man aber trotzdem wegen seines
patriotischen Stoffes einen grösseren Erfolg vorausgesagt
hätte, war wol die erste Vorstellung sehr gut besucht, für
eine zweite aber gab es fast kein Publicum mehr. Und
doch hatte man dem Stücke grosse Opfer gebracht, hatte
dem Dichter zur Anschaffung des Costumes für die zwei
Hauptpersonen die Einnahme von vier Aufführungen überlassen: die Direction hatte aber die Zuschauer vollkommen
verdorben.

Sonnenfels selbst, der dem Nationaldichter Ayrenhoff
mit grossem Wohlwollen entgegentrat, hatte sich von dem
reinen Gottschedianismus emancipirt; ihm war Gottsched
zwei Jahre nach seinem Tode „eine abgethane Grösse, ein
Mann längst verjährten Andenkens“, wenn er auch seine
Verdienste nicht derartig unterschätzte, als es bald zur
Mode geworden, und meinte, „dass bei dem Baue eines Ge-
bäudes Handlanger unentbehrlich sind, aber freilich Archi-
tekten müssen sie nicht abgeben wollen“. Auch „Hermann
und Thusnelda“ ist ihm nur „ein Versuch eines National-
genie, von dem er aber viel erwartet“. Dass dieses Schauspiel, mit dessen Inscenesetzung man sich so viel Mühe genommen, dem Hof und Adel schon der Persönlichkeit des
Verfassers wegen so freundlich entgegentrat, dennoch so
wenig Zuspruch fand, das presste ihm den Ausruf aus: „Ich
sehe nun, dass ein feindseliges Schicksal über der deutschen
Schaubühne waltet und die Bezauberung noch immer fort-
dauert. Aber vielleicht ist sie ihrem Ende nahe.“[1]) Die
Theatral-Direction arbeitete überhaupt unglücklich, das ver-

schedianer und bitterste Feind der Shakespeare'schen Richtung. Sämmtliche
Werke, Wien—Leipzig 1789 und 1803, VI. Band. Von seinen Lustspielen
machte „Der Postzug oder noble Passionen“ den Weg über alle deutschen
Bühnen und wurde von Friedrich dem Grossen für das beste deutsche
Lustspiel erklärt. Vgl. Wurzbach, Biogr. Lex. K. Berndt, C. v. Ayrenhoff, eine biographische Skizze, Wien 1852. R. Zimmermann a. a. O.
[1]) Ges. Schr. V, 192.

nachlässigte regelmässige Schauspiel war wol nicht stark besucht, aber die uralten, sich stets in ermüdender Langweile im sèlben Fahrwasser bewegenden Burlesquen, in denen d'Affligio sein Heil suchte, fiengen ebenfalls an, ihre Zugkraft zu verlieren. „Wenn nur — so lautet die alte Klage unseres Schriftstellers — der Adel den regelmässigen Stücken, auch wenn sie nicht die besten sind, seine Beachtung schenkt, dann wird wol die Besserung nicht ausbleiben". Dazu fehlte aber dem Adel Interesse und Ausdauer, dass er aus patriotischen und ästhetischen Rücksichten diese Stücke zum Nachtheile der italienischen Buffa, des französischen Schauspieles hätte vorziehen sollen.

Die Wiener Farce war eine Tochter der italienischen. In Wien selbst bestand lange Zeit eine wälsche Oper und Burleske, der Wiener Hans Wurst war eine italienische Pflanze und dem Italiener Zani verdankte man die Einführung des Extempore.

Stranicky war in Italien in die Schule gegangen, Kurz hatte von da seinen Bernardone bezogen. Was Wunder, dass Sonnenfels der italienischen Komödie und dem wälschen Singspiele feindselig gegenüberstand, ja sogar im Unmuthe ungerecht gegen dieselbe wird? Die „allgemeine deutsche Bibliothek" bemerkt 1769 in einem Briefe über die Wiener Schaubühne:[1] „Es ist überhaupt nicht abzusehen, warum der Verfasser mit der italienischen ernsthaften und komischen Oper sich so sehr beschäftigt. Will er diese Schauspiele verbessern? Hat er vergessen, wie schädlich sie für unser Theater und dass wir Alles verloren geben, wenn wir uns dafür interessieren?" Nicht weniger wird er dafür getadelt, dass er Goldoni als schlechten Schriftsteller beschreibt, „da doch unsere angehenden Schriftsteller so viel von ihm lernen könnten". Sonnenfels aber wusste was er wollte und eben darum wendet er den Italienern seine grösste Auf-

---

[1] Allgemeine deutsche Bibliothek, X. Band, 2, Stück 28.

merksamkeit zu. Ihm war Alles Mittel zum Zweck, die italienische Opera buffa ist nicht minder Gegenstand seines Zornes als Goldoni und Chiari, und niemals ist er in Berlin mehr missverstanden worden. Auch er weist ja darauf hin, dass Goldoni's Lustspiele der nationalen Bühne Schaden bringen,[1]) aber er weiss auch nur zu wohl, dass Hans Wurst und Harlequin Hand in Hand gehen: „Die Dichter dieser Stücke scheinen nicht nach Scherzen zu jagen, sie laufen nach Fratzen, nein! auch der Ausdruck ist noch zu gelinde, sie laufen nach Narrheit und suchen ihre Lustigkeit in den Kämmerchen des Tollhauses auf, und oft an Orten, wo Schmutz und Doppelsinnigkeit Hauptsprache sein mögen".[2]) Man vergleiche nur diese Stelle mit denen, die die deutsche Burleske betreffen, um den gleichen Kampf und die gleiche Kampfart wieder zu finden. Auch hier war es ein vortrefflicher Schauspieler und Sänger, Zani, der die Fratze aufrecht hielt und stützte. Darum will Sonnenfels Goldoni nicht als Muster gelten lassen, denn damit hätte er zugleich die Burleske anerkannt. Er lässt ihm seine Verdienste als Schriftsteller seines Vaterlandes, führt aber trotzdem den Beifall der Wiener so viel als möglich auf die Leistungen der Darsteller zurück: „Gegen die allgemeine Vollkommenheit der Schauspieler gehalten, werden wir unseren Deutschen kein würdigeres Muster empfehlen können".[3])

Im April 1768 kam eine wälsche Schauspielertruppe nach Wien, um da drei Monate lang Vorstellungen zu geben. Ihr wendet nun Sonnenfels seine Aufmerksamkeit zu, um aus Anlass der Goldoni'schen Werke über die Posse nochmals sein vernichtendes Urtheil auszusprechen, und da er natürlicherweise gerade jene Punkte zu seiner Besprechung herauswählt, die auch auf das deutsche Lustspiel Bezug haben, erblicken wir leicht Goldoni als Spiegel der Wiener

---

[1]) Ges. Schr. V, 276.
[2]) Ibid.
[3]) Ibid. VI, 245.

Posse. Da wie dort die langen Expositionen, die darin
bestehen, dass sich die auftretende Person dem Publicum
vorstellt, ihm Zweck, Absicht und nähere Umstände ihres
Herkommens ausführlich auseinandersetzt,[1]) da wie dort
lange Vorlesungen über die verschiedensten Themata. Die
Sprache des Pöbels wird ungescheut mit aller Derbheit auf
die Bühne gebracht, ja manchmal die Derbheiten und Zweideutigkeiten mit Absicht gesucht. Die Charaktere sind
beiderseits mit derselben Rohheit gearbeitet, die Figuren
beiderseits typische geworden. Klemm-Heufeld's Lustspiele
unterscheiden sich von ihren italienischen Mustern nur dadurch, dass sie weniger Talent verrathen.

Dass alle diese Angriffe nicht ohne Erwiderung blieben, war natürlich, Worte wie: „die wälschen, welche sich
die deutschen Schauspieler und Possenreisser unglücklicher-
weise zum Muster gewählt, suchen das Salz ihrer Fratzen
in Zweideutigkeiten und Wortspielen",[2]) mussten die italienischen Schauspieler aufbringen und Sonnenfels musste
manchen Spott und manche Verhöhnung von der wälschen
Bühne herab über sich ergehen lassen. Er gieng dessen
ohngeachtet ruhig seinen Weg weiter und stellte den Italienern die Franzosen als Muster im Komischen gegenüber.
Jede Nation muss seiner Ansicht nach gewisse Stufen im
heiteren Schauspiel durchlaufen, „von der Fratze zur Posse,
von der Posse zum Niedrigkomischen, endlich zum höheren
Komischen".[3]) Das deutsche Theater steht seiner Ansicht
nach erst auf der vorletzten Stufe, was jedenfalls ein wenig
zu allgemein geurtheilt ist. Denn hatte er ganz Deutschland
im Auge, so hatte er ja selbst Gelegenheit gehabt, „Minna
von Barnhelm" zu besprechen, wollte er nur Wien in das
Urtheil einbezogen haben, so durfte er höchsten Falles ein

---

[1]) Vergleiche dazu Genée: Lehr- und Wanderjahre des deutschen
Schauspiels, Berlin 1882, S. 349.

[2]) Ges. Schr. II, 32.

[3]) Ibid. VI, 28.

Uebergangstadium zwischen der Posse und dem Niedrigkomischen anführen.

Wenn das gute Schauspiel auch wirklich mehr Ein-
gang gewann, und die Briefe den Leistungen eines Schlegel,
Cronegk, Lessing, Weisse und Gellert mit Stolz einen
Ayrenhoff und den Verfasser der „Julie" zuzählen,[1] so
mussten sie dennoch bei der Aufführung des „Kaufmannes
von London"[2] zugestehen: „Die Aufnahme dieses Stückes
entschied gewissermassen von dem Geschmacke des Publicums in Wien, wenn diesfalls noch der geringste Zweifel
war: es ist für die Fremde und die Fratze."[3] Für das
Niedrigkomische nicht weniger als für das Höhere ist nun
der Franzose Muster. Dass freilich die Moral nicht immer
bei ihm die beste ist, ist wol richtig, aber man hält ja
jetzt die Schaubühne noch nicht für eine Sittenschule.[4]
Gewöhnlich ist es ein Betrug, der an Aeltern oder an einem
Eifersüchtigen u. dgl. verübt wird, aber im Charakter des
Betrogenen muss das Schmerzhafte gesucht werden, nicht
im Betruge selbst. Der belehrende Eindruck wird durch
die mit dem Stücke verbundene Satire erzielt. Wie man
sieht, liegt hier der Deduction der Gottschedische Gedanke
zu Grunde, der ebenfalls die Komödie als „Nachahmung
einer lasterhaften Handlung, die durch ihr lächerliches
Wesen den Zuschauer belustigen, aber auch erbauen soll",
erklärt wissen will; „der Liebhaber des Lachens", meint
Sonnenfels, „findet daher seine Rechnung und der Geist ist
dabei nicht unbeschäftigt."

Jede Verbesserung der Schaubühne müsste aber jedenfalls von der gänzlichen Abschaffung des Extempore aus-
gehen; „das Stück, wozu nichts weiter als das plumpe
Geripp an der Schiebwand aufgehangen wird", kann das Ver-

---

[1] Ges. Schr. VI, 7.
[2] Barnwelt oder der Kaufmann von London von Lillo.
[3] Ges. Schr. V, 384.
[4] Ibid. VI, 35 ff.

langte nie erreichen, und die extemporierenden Schauspieler,
„was können sie wol auf das Ungefähr hin Witziges aufbringen? Wenn es glücklich kömmt, ein oder ein paar Ein-
fälle; sollen die genug sein, um trockene Gespräche von
drei Stunden erträglich zu machen?" [1])

Molières Lustspiele, Diderots „Hausvater", dies sind
Stücke, die zum Vorbilde genommen werden müssen, und
die man auch zum Vorbilde anderswo genommen hat. Die
wenn auch noch wenigen deutschen Lustspieldichter, die man
bisher hat, sind ebenfalls ganz tüchtige Muster, und Lessings
„Minna" erweckt Sonnenfels' Bewunderung. [2]) Allerdings
hat er auch hier Ausstellungen zu machen: Die Nebenliebe
Franziska - Werner schädigt den Hauptfaden, das Wesen
Minnas erscheint manches Mal zu geziert und endlich ist
Riccant, den man in Wien gestrichen, eine überflüssige
Figur. [3]) „Eine Rolle, die nirgends eine Lücke zurücklässt,
ist gewiss eine müssige Rolle." Lessings Dialog ist nicht
Molièrisch, aber er ist dem Leben abgelauscht, er ist jeder
Person angepasst, er ist eine Sprache voll Adel und doch voll
Einfachheit, eine „von Lessing selbst geschaffene Sprache",
endlich eine Sprache für das feinere Lustspiel. Auch hatte
sich Lessing von dem Localton, an dem die österreichischen
Stücke alle krankten und der dem Wiener Theater und seiner
gedeihlichen Weiterentwicklung so hinderlich war, vollständig
emancipiert: „Er hat die Sprache, die der Weltmann spricht,
die Politesse, die die Kleinstadt niemals liefern kann." [4])
Für das höhere Lustspiel kann nun Sonnenfels in Lessing
ein deutsches Muster bringen und braucht nicht mehr in das
Ausland zu greifen: „Die deutschen Theatraldichter möchten

---

[1]) Ges. Schr. VI, 38.
[2]) Ibid., V, 303 u. f.
[3]) Die Kritik Sonnenfels' druckt ziemlich vollständig Wilibald Müller
a. a. O. ab, zur Wiener Minna-Aufführung, s. H. M. Richter, Geistesströmungen IX, S. 250.
[4]) Ges. Schr. V, 352.

immer lieber seine Minna, als unsere französischen Stücke studieren."[1]) Das Lustspiel will er streng vom Trauerspiele geschieden haben, die Mischung zwischen Komischem oder dem Grotesken und Tragischen, wie bei Shakespeare, die „die Empfindung des Trauerspiels mit dem Gelächter zu vereinigen strebt,[2]) geht nicht an. Shakespeares[3]) komische Gestalten sind seiner Ansicht nach schon ihrer Rede wegen

---

[1]) Ges. Schr. V, 369. Diese ist eine der vielen bewundernden Stellen Lessing gegenüber. Wo Sonnenfels· überhaupt auf Lessing zu sprechen kommt, geschieht es stets mit der grössten Hochachtung, und zwar niemals in dem Tone eines sich Lessing gleichstellenden, sondern immer sich ihm untergeordnet fühlenden Geistes. Die berühmte Stelle an Klotz, „dieser habe von Lessing den Ruhm eines guten Mannes voraus", bleibt das einzige Wort, das in nicht ganz freundlicher Weise gedeutet werden kann, und da geschieht der Ausspruch ganz vertraulich von Freund zu Freund, und als tröstende Phrase. Immer erkennt Sonnenfels Lessings Genie an und warnt Klotz freundschaftlich vor einer Fehde mit den Berlinern. Warum man ganz apodiktisch eine Abneigung Sonnenfels' Lessing gegenüber behauptet, ist mindestens ebenso unklar, als warum Wurzbach (Biogr. Lex.) die Angelegenheit in Berufung Lessings und Riedels als den schwarzen Punkt in Sonnenfels Leben bezeichnet. Für Beides sind Beweise nicht herbeizuschaffen: Eva König ist nicht ganz unvoreingenommen und Lessings Aeusserungen tragen das Kennzeichen der Erbitterung an der Stirn, zu einer Zeit, wo diese aus jedem Federzug spricht. Auch in Bezug Riedel's ist zu bemerken, dass Sonnenfels' Einfluss oft sehr enge Grenzen hatte und zu Zeiten nichts weniger als allmächtig war. Man sehe seine Selbstvertheidigung in der Vorrede zu: Die· erste Vorlesung, 1782. An Herrn Josef von Retzer, Ges. Schr. III. Vergleiche zu diesem Streite: Wilibald Müller, H. M. Richter, Jaro Pawel a. d. a. O.

[2]) Ges. Schr. VI, 32.

[3]) Sonnenfels Stellung Shakespeare gegenüber ist die eines Bewunderers, der aber wol einsieht, dass das, was ein Genie sich erlauben darf, nicht von Jedermann nachgeahmt werden dürfte. Er ist stark von dem französischen Standpunkt der Gottschedianer entfernt und nähert sich leise der neuen Richtung, wie er überhaupt in allen dramatischen Fragen eine vermittelnde Stellung, die wol das Alte nicht ganz aufgeben kann, sich aber eben so wenig jeglicher Neuerung starr entgegensetzt, einnimmt, „Shakespeare ist ein abenteuerliches Genie, welches sehr oft in einem und demselben Stücke die zwei äussersten Enden der Empfindungen ohne Mittelband streift. Seine lustigen Personen sind Spötter (risores)· und beissend (dicaces), sie könnten es mehr nicht sein: seine Helden sind oft

nicht nachzuahmen, denn ein Held, der immer nur in Gold und Purpur zu erscheinen hatte und der nun „mit pöbelhaften Reden der Schenke zuwandert", steht in directem Gegensatz zu den Bestrebungen Sonnenfels', die Sprache auf der Bühne zu verfeinern. Wol aber ist das Rührende mit dem Heiteren zu vereinigen, und im Gegensatz zu Voltaire tritt er, vollständig im Einklange mit der Ansicht Lessings, dem Posse und weinerliches Lustspiel für die beiden Enden der Komödie gelten,[1]) dafür ein. Hier ist auch der Punkt, wo er das erste und einzige Mal gegen die starre Aristotelesanbetung ausdrücklich sich auflehnt: „Wie, weil ein Grieche keine Abtheilung für das rührende Lustspiel gemacht, so ist es ein paar Tausend Jahre darauf dem Franzosen, Engländer oder Deutschen nicht erlaubt, bei dem Unglücke seiner Mitbürger zu empfinden?"[2])

Wie Sonnenfels auf diese Weise den aufstrebenden Talenten durch die Entwicklung der Theorie an die Hand gieng, wie er in seinen Ansichten über das ganze Gebiet des Dramas hinstreifte, immer ist es vorzüglich das Lustspiel, das er im Auge hat. Wenn dieses auch in ganz Deutschland noch in den Kinderschuhen steckt, so ist es speciell für Wien das zunächst zu Erreichende, das an die Stelle der Posse gesetzt werden müsste, an die Stelle der Posse, die nach der oben erwähnten Eintheilung als nothwendiges Uebel vor-

---

Lustigmacher, seine Gestalten durchwegs solche, die bei allen Flammen des Tragischen gewiss mehr bewundert als nachgeahmt zu werden verdienen." (VI, 32.) Welcher Unterschied tritt da in Bezug auf den starr französierenden Ayrenhoff entgegen, dem Shakespeare der erbärmlichste Charakterzeichner, dem Othello ein Geck, Heinrich V. ein Stallknecht, Kleopatra eine Metze von der Wachtstube ist, der Goethe und Lenz als gedankenlose Nachahmer des Shakespeare'schen Unrathes bezeichnet, und in der Vorrede seiner Gesammelten Schriften 1789 erklärt, „er könne es über sich nicht gewinnen, Aristoteles für einen dummen Kopf zu halten, bei allem Pandurengeschrei des Shakespeare'schen Freicorps".

[1]) 1754, Theatr. Bibl., 1. Stück.
[2]) Ges. Schr. VI, 44.

angehen muss, aber ihm im Augenblick seiner Entstehung
das Feld zu räumen hat.

Jeder, der auf der Bahn der Versittlichung der Schaubühne mitarbeitete, war ihm willkommen und da kennt er
keine persönliche Abneigung mehr. Heufeld, der ihn mit
seiner „Kritik über den Geburtstag" so schwer beleidigt,
bespricht er mit dem grössten Wohlwollen. Er vertheidigt
sich allerdings gegen Lessings Ansicht, die dieser in der
„Hamburger Dramaturgie" ausgesprochen: „Nach der ‚Julie'
zu urtheilen, müssen die beiden Stücke,[1] auf deren gute Aufnahme sich der Verfasser bezog, nicht schlecht sein", indem
er durch Proben zu beweisen sucht, „Julie" und die beiden
anderen Stücke seien von verschiedener Gattung.[2] Julie
sei aus der Sphäre des höheren Komischen, die beiden anderen aus der des niedrigen. Er lässt Heufelds Talent unbestritten, nur müsste es ausgebildeter sein: „Wenn das
Ekelhafte, welches nie in der Nachahmung gefällig werden
kann, vermieden wird; wenn man das Herz hat, der Kritik
einen Gedanken aufzuopfern, ob man gleich weiss, dass er
Gelächter erregen wird,[3] dann erst kann man höheren An-
forderungen entsprechen." Ja sogar der allgemein als Partisan
des Hans Wurst verschrieene Hafner kommt bei Sonnenfels
durch sein posthumes Lustspiel „Der Furchtsame" noch zu
Ehren.[4] „Wenn Hafner mit dem Stücke, mit dem er ab-
gieng, auf die Schaubühne getreten wäre, so würde Oesterreich einen Plautus an ihm haben erwarten dürfen," urtheilt
er, als er in die Kritik des Stückes näher eingeht, und
eine Scene des zweiten Aufzuges erklärt er als vortreff-
liches Gegenstück zu einer anderen in Molières „Eingebildeten
Kranken".

---

[1] Haushaltung nach der Mode — Liebhaber nach der Mode.
[2] Ges. Schr. VI, 400.
[3] Ibid., 408.
[4] Ibid., 244 ff.

Nur Klemm findet noch immer keine Gnade vor seinen
Augen. Wenn Sonnenfels auch erklärt, über ihn seines persönlichen Verhältnisses wegen kein Urtheil abgeben zu können,
so verdammt er ihn durch die blosse Wiedergabe der Stellen
aus seinen verschiedensten Vorreden zu den „Beiträgen"
auf das Entschiedenste, ohne auf das Einzelne einzugehen.
Vielleicht mag ein Grund zu der noch weiter ausgesprochen feindlichen Haltung Sonnenfels' zu Klemm, abgesehen von allen Beweggründen der gerechten Kritik, ein
Streit sein, in den sich Sonnenfels mit der Theaterdirection
plötzlich verwickelt sah. Ausser den kritischen und dramaturgischen Bemerkungen, die er in seinen Briefen gebracht
hatte, hatte er auch die Direction selbst angegriffen und ihr
Vorschläge zur Besserung der Zustände gemacht,[1]) da die
Schaubühne — wenigstens die deutsche — durch die Wirth-
schaft Affligio's gänzlich an den Rand des Verderbens gelangt
war. Die französische Truppe kostete einen ungeheuern Aufwand an Geldmitteln, von Seite der deutschen geschah nichts,
um sich selbst lebensfähig zu erhalten. Da wagte Sonnenfels
das Wort: „Man möge die deutsche Bühne vollkommen auf
regelmässigen Fuss setzen." Er sah wol die Schwierigkeiten
ein, die sich im Anfange einem solchen Unternehmen ent-
gegensetzen würden, daher ertheilte er dem Unternehmer
Rathschläge, wie diese zu besiegen wären. Er verlangte,
dass eine ganze Menge mittelmässiger Schauspieler entlassen
und dafür zwei oder drei gute oder wenigstens erträgliche
aufgenommen werden sollten, aber nicht Leute, die Nichts als
unbezähmbaren Eigensinn besitzen, sondern die von der Wich-
tigkeit des Zusammenspiels derartig durchdrungen sind, dass
sie erkennen, dass jede, auch die kleinste Rolle für das Stück
von Bedeutung ist.

Die Ausstattung müsste dem ganzen Ernste einer solchen Bühne würdig sein, die Hauptsache natürlich wäre die

---

[1]) Brief vom 14. Juli 1768. Ges. Schr. VI, 141 ff.

Wahl der Stücke.¹) Bisher waren die Fratzen das Einzige, auf das man Geld und Mühe verwendet; was Wunder, dass die regelmässigen Stücke durch ihre Aermlichkeit unvortheilhaft davon abstachen. Die Schauspieler, wenigstens diejenigen, die nur an das Extempore gewöhnt waren, schrecken vor dem wörtlichen Auswendiglernen grosser Rollen zurück, obgleich sie es sehr wohl im Stande sind, selbst Prehauser, „der so sehr die Schuld auf sein Gedächtnis wirft, diesem Manne, dessen Jahre eine solche Entschuldigung wirklich ·annehmbar machen, war es in Stücken, die er seines Schutzes würdigte, nicht zu beschwerlich, viele Bogen wörtlich mit der gewissenhaftesten Genauigkeit auswendig zu behalten". Man hatte die regelmässigen Stücke stets an den schlechtesten Theatertagen gegeben, die Feiertage z. B. blieben der Posse und dem Singspiel reserviert, und dann wurde statt auf diesen Umstand immer auf die Stimmung des Publicums gegen diese Schauspiele hingewiesen. Trotz alledem trug „Minna" oder „Semiramis" nach zwanzig Vorstellungen noch dreimal mehr als eine neue Burlesque. Der Geschmack des Publicums hatte sich thatsächlich gebessert, wäre man ihm nur mit etwas Gediegenem entgegengekommen. Man müsste — ist weiter Sonnenfels' Meinung — die Talente ermuntern, es würden sich schon welche finden, und hier macht er die eigenthümliche Bemerkung: „Ich verwerfe sogar ‚Die Haushaltung nach der Mode' und den ‚Liebhaber', ‚Den Geburtstag', den ‚Furchtsamen' nicht, nur dass ich sie in eine eigene Classe verweise", eine Bemerkung, die dem strengen Kunstrichter wol in der Hitze des Gefechts entschlüpft ist und nichts Anderes sagen will, als dass man im Anfange vielleicht noch hie und da auf diese Stücke zurückgreifen dürfte, falls sich nicht schnell genug die erwünschten beschaffen liessen.

Dieser wohlmeinende Rath brachte die Theaterdirection in eine unbeschreibliche Wuth, die vollkommen unbegreif-

¹) Ges. Schr. VI, 155.

lich wäre, wenn Sonnenfels nichts weiter gethan hätte, als
einen Rath zu ertheilen. So aber machte er den Leiter der
Bühne direct für den Niedergang derselben verantwortlich
und stellte ihn ausserdem durch seine Warnungen vor seinen
Freunden, den Anhängern der Posse, als schlecht berathen
dar, ja sogar als einen Mann hin, der selbst keine Idee von
dem habe, was ihm und der Bühne zum Vortheil gereicht.
Am 27. Juli 1868 (die „Erinnerungen" Sonnenfels' waren
zwischen dem 22. und 30. Juli erschienen) brachte das
„Wiener Diarium" das erste „Schreiben an den Verfasser der
Briefe über die Wiener Schaubühne",[1]) dem am 3. August
ein zweites[2]) folgte. Beide Schreiben sind offenbar von der
Direction inscenirt und „M. v. J." gezeichnet. Wer der
Schreiber sei, ist mir festzustellen nicht gelungen, vielleicht
soll die Chiffre irgend ein Gegenstück zum „M. o. V." (der
gewöhnlichen Abkürzung von „Mann ohne Vorurtheil") sein.
Es wäre die Möglichkeit nicht ganz ausgeschlossen, hinter
dem Schreiber den damaligen grössten Gegner Sonnenfels',
Klemm, zu suchen. Derselbe stand ja dem Bühnenpächter
ziemlich nahe, und hatte man ihn den „auf den Parnass
versetzten grünen Hut" schreiben lassen können, um wie viel
leichter wäre er zu einem derartigen immerhin ehrlicheren
Kampfe zu gewinnen gewesen. Der Verfasser des Briefes
nennt sich ein Freund d'Affligos, er ist auch jedenfalls der
im Schreiben selbst genannte Freund, auf dessen liebens-
würdiges Anrathen man dem Kritiker einfach den freien
Eintritt entzog. Nach dem Schreiben der Huberin, das auf
dieses folgte, könnte man allerdings den Freund auch unter
den ehemaligen Kriegskameraden des Oberstlieutenants Affligio suchen.

Die ganzen Schreiben sind vollendete Schmähschriften
und beginnt das erste: „Mein Herr! So lange Sie Ihre kri-
tische Anwandlung nur dahin weist, bald die aufgeführten

---

[1]) Wiener Diarium 1768, zu Nr. 60.
[2]) Ib. zu Nr. 62.

Stücke mit entscheidendem Spruche zu beurtheilen und Fehler
aufzuspüren, wo manchmal die Scharfsichtigkeit mit einem
Vergrösserungsglase keine zu erblicken vermöchte, bald mit
einer schriftstellerischen Wuth Männer zu zerfleischen, auf
deren theatralische Werke gewisse Nationen mit Recht stolz
sind, und die Sie selbst, wenn es einmal Ihnen einkömmt,
Ihre Vaterstadt mit einem schon längst vergeblich erwarteten
Theatralstücke Ihres Gemaches zu beglücken,[1]) sich zum
Muster vorsetzen dürften, bald aber über die Schauspieler
der deutschen und wälschen Bühne rasend herzufallen und
selbe in ihren Vergleichungen hässlichen Bestien und Wun-
derthieren, die man in Marktbuden zeigt, an die Seite zu
setzen, so konnten alle diese Vorwürfe Ihrer Blätter dem
Unternehmer der Schauspiele so ziemlich gleichgiltig bleiben.“
Dass Sonnenfels den Letzteren kurzsichtig und dessen
Freunde ohne Einsicht genannt, wird mit der giftigen Bemerkung zu vergelten gesucht: „Man will behaupten, Sie
haben den Unternehmer anfangs Ihres Rathes selbst gewürdigt. Er hatte sich aber so schlecht dabei befunden,
dass er Ihren Eingebungen und dem in das Publicum ein-
gestreuten Einflusse, den Sie in der Einrichtung der deutschen
Schaubühne hatten, noch immer die traurige Einsamkeit,
die in dem deutschen Schauspielhause so oft herrscht, grössten-
theils zu verdanken habe.“
Dieser Einfluss kann wol nie auf Affligio, sondern auf
Hilverding ausgeübt worden sein, der ja, wie oben berichtet,
wirklich zu Anfang Anstrengungen machte, dass das Theater
auf eine anständige Höhe gebracht werde. Wenn weiter
unten von directen Verbindlichkeiten Sonnenfels’ gegen den
Unternehmer gesprochen wird, so wird sich dies schwerlich
auf etwas Anderes als den freien Eintritt beziehen. Nach
dieser höflichen Einleitung beginnt der Schreiber die einzelnen Forderungen der Briefe zu beleuchten. Die guten

---

[1]) Vergleiche dazu die obige bereits gebrachte Notiz des „Patrioten“,
S. 34 dieser Abhandlung.

Schauspieler seien einfach nicht zu haben; die Direction habe
schon lange gesucht, und wenn Jemand Rathschläge ertheilen wolle, müsse er auch sagen, wie sie erfüllbar sind.
Prehauser, der ein siebzigjähriger Greis sei, zuzumuthen,
dass er noch Rollen lerne, ist ein Unsinn. In Bezug auf
Ausstattung wird kein Aufwand gescheut, und Niemand könne
behaupten, dass jemals so viele gute neue Stücke gegeben
worden seien. Die Ursache, dass Alles das Publicum nicht
anzuziehen vermag, ist einfach die, dass die deutschen Schauspieler den französischen an Tüchtigkeit nicht gleichkommen.
Zuletzt wird noch die Freikartenentziehung angekündigt,
und der Schreiber schliesst mit den bezeichnenden Worten,
er werde sich in seiner Sache nicht beirren lassen, mögen
„Sie mich auch wie unseren geschätzten Heufeld zu den
Hafner'schen Genies herabstossen".

Sonnenfels antwortete auf diesen Angriff ebensowenig
als auf alle früheren und berichtete später ruhig an Klotz:[1]
„Ueber einen recht wolgemeinten und höflichen Vorschlag
wusste man den Impresarius aufzuwiegeln und wurden auf
seine Veranlassung zwei Briefe voll Anzüglichkeiten der
Zeitung, die bei uns die Bildsäule des Pasquinus ist, beigelegt. Man glaubte, ich würde antworten; ich that es nicht
und schrieb in dem Tone weiter, worin ich ohnehin gesprochen."

Der anonyme „M. v. J." hatte mit seiner unvorsichtigen
Verurtheilung der deutschen Schauspieler dieselben nicht wenig
aufgebracht, und in ihrem Namen unternahm es die Huberin,
die von Sonnenfels so hoch geschätzte Darstellerin der tragischen Rollen, die schon als Demoiselle Lorenz energisch für
das regelmässige Stück eingetreten war, sich und ihre Collegen
zu vertheidigen,[2] da der ihrer Meinung nach dazu vor Allen
berufene Weisskern krank darniederlag. Sie verwahrt sich
energisch dagegen, dass sich der Schreiber des Pasquills

---

[1] Brief vom 25. October 1768; s. Hagen S. 3.
[2] Wiener Diarium 1768, zu Nr. 62.

einen Freund der Schaubühne und der Schauspieler nenne,
er, der sich dem Unternehmer geradezu aufgedrängt habe,
um nun die deutschen Schauspieler ohne Unterschied zu
beschimpfen, und im Einverständnisse Aller scheint sie zu
sprechen, wenn sie sagt: „Es wird noch so weit kommen,
dass wir, anstatt der Mühe, die wir uns bisher gaben, das
Publicum zu vergnügen, es uns künftig zur Schande rechnen
werden, auf einer Schaubühne aufzutreten, über welche Ihre
Denkungsart und Ansicht entscheidendes Urtheil zu sprechen
hat. Ich wünschte dem Unternehmer die Befreiung von
Rathgebern, die Ihnen ähnlich sind." Dieses Schreiben
einer Schauspielerin an Herrn „M. v. J." blieb von diesem
unbeachtet, er antwortet wiederum nur Sonnenfels, der indessen ruhig seine „Erinnerungen" fortgesetzt hatte.[1]) Nochmals wird feierlich erklärt, dass für die Ausstattung genug
gethan werde; das habe „Hermann und Thusnelde" gezeigt;
wenn aber oft die Dichter drängen und nicht Zeit lassen,
für das Nöthige zu sorgen, sei die Direction nicht verantwortlich zu machen. Die Repertoireintheilung habe ja doch
Sonnenfels selbst gemacht, seit man aber davon abgewichen
sei, habe sich der Besuch gebessert.

Die heikle Stelle, den „Geburtstag" etc. betreffend, giebt
natürlich zum herbsten Spotte Gelegenheit: „Sie sind ein
wahrer Proteus. Die Pflichten der Freundschaft waren sogar unkräftig, dieses Stück gleichsam auf einer Schandsäule
für eine Sammlung abgeschmackter, mancher auch leider
unanständiger Gespräche zu erklären. Sogar ein Hafner
findet Gnade vor Ihnen. In der That, die Veränderung ist
eine günstige Vorbedeutung für die mit Ihrem schriftstelleri-
schem Fluche so oft bestrafte rothe Jacke. Selbst der grüne
Hut wird es wohl bald wagen dürfen, wieder vom Parnass
herabzusteigen, wohin er sich zur Entweichung Ihrer un-
erbittlichen Verfolgungen zu retten gezwungen sah."

- - - ---------

[1]) Wiener Diarium 1768, zu Nr. 62.

Den 25. Februar 1769 schloss Sonnenfels die Briefe über die Wiener Schaubühne mit einem Schreiben an Klotz.[1]) Er recapituliert nochmals seine Bestrebungen, alle die Anfeindungen, die er seines erbitterten Streites gegen die Zote halber zu erleiden hatte, und berührt kurz einen Ausfall der Italiener wegen seines harten Urtheiles über Goldoni. Durch das ganze Schreiben aber geht ein versöhnlicher Zug, selbst die „Briefe über die österreichische Literatur", die so viele Schmähungen gegen ihn enthielten, sogar diese bespricht er ruhig und wünscht den Verfassern (Klemm und Heufeld) aufrichtig Glück, wobei er hinzusetzt: „selbst der freimüthige Ton, den sich die Verfasser gegen mich erlaubten, war in meinen Augen ein Verdienst". Nur defensiv antwortet er auf einige der gangbarsten Einwürfe, so auf den, dass er, der niemals ein Theaterstück geschrieben, nicht über die Bühne urtheilen könnte.[2])

Klemm's „Wienerische Dramaturgie", die kaum ein Quartal erlebte, war ohne jede Bedeutung. Schmid bemerkt zum Jahre 1767 in seiner Chronologie,[3]) dass darin eine Abbitte und ein Widerruf bezüglich des „grünen Hutes" enthalten sei, von welcher Abbitte aber nichts darin zu finden ist.[4]) Es wäre dies auch der Zeit nach unwahrscheinlich, da sich Klemm in seinen späteren Briefen über die österreichische Literatur noch immer auf demselben Wege be-

---

[1]) Ges. Schr. VI, 410.
[2]) Franz Kopetzky sagt a. a. O., S. 171: „In den Briefen über die Wiener Schaubühne legt Sonnenfels das Geständniss ab, dass er selbst ein Theaterstück schrieb." Dies soll denn „Xerxes der Friedsame", Wien 1764, sein, das zur Krönung Josephs II. aufgeführt und dann von der „Allgemeinen deutschen Bibliothek" ziemlich schlecht beurtheilt wurde. Zu diesem Stücke aber ist nur der Plan von Sonnenfels, das Stück selbst von zwei Autoren. Von einem Geständnisse Sonnenfels' in den Briefen aber ist mir nichts erinnerlich. In den „Gesammelten Schriften" ist nur ein Schäferspiel: „Das Opfer" (IX. Bd.) enthalten, ein Gelegenheitsstück für den kaiserlichen Familienzirkel.
[3]) Chronologie des deutschen Theaters 1775, S. 266.
[4]) Auch Wilibald Müller ist davon nichts bekannt.

findet und auch Sonnenfels durch die Briefe an den Hallenser
Freund jenem gegenüber eine keineswegs freundliche Ge-
sinnung zeigt, da er alle von Klemm gepriesenen Schauspieler in ziemlich ungünstiges Licht zu stellen sich bemüht.[1]) Schmid erwähnt aber noch eine zweite „Dramaturgie" Klemms, die 1769 in vier Quartalen erschien, die
mir aber unzugänglich blieb. Es ist möglich, dass sich
Schmid mit dieser irrt und sich auf diesen Widerruf die
Worte Sonnenfels' in seinem letzten Briefe an Klotz[2]) beziehen: „Hat doch Klemm neulich in einem Blatte von mir
geschrieben, dass ich zu edel dächte, Streitigkeiten, die
verjährt sind, zu gedenken. Der Verfasser des ‚grünen
Hutes' nennt mich edel!"

VI.

Es ist nicht zu verkennen, dass Sonnenfels' Einfluss
zu der Zeit bereits ein derartig grosser war, dass sich weder
Heufeld und Klemm, noch überhaupt ein Mann, der in Wien
literarisch eine Rolle spielen wollte, demselben entziehen
konnten und auf ihre zu Anfang ihrer Thätigkeit einge-
schlagene Laufbahn zurückkehren mussten. Sonnenfels
triumphiert unbestritten über seine Gegner, er konnte es
bereits wagen, an die Realisierung seines ersten Grundsatzes
zu gehen, dass Staat und Regierung selbst Einfluss auf die
Schaubühne nehmen müssten, und konnte dies, da er, nachdem er auch seine politischen Feinde besiegt hatte, auch
nach oben sich eine feste und gesicherte Stellung errungen
hatte, wenn auch Kaiserin Maria Theresia eine Eingabe, die
gegen einen Sonnenfels'schen Aufsatz über die Schauspieler
gerichtet war, einfach mit den Worten abgefertigt haben soll:
„Die Komödianten sind eine Bagage und bleiben eine Ba-

---

[1]) Brief vom 3. September 1769.
[2]) Brief vom 9. März 1770.

gage, und Herr von Sonnenfels könnte auch etwas Besseres thun, als Kritiken schreiben."[1])

Aus den beiden Diariumbriefen geht hervor, dass Sonnenfels dem Theaterunternehmer Hilverding an die Hand gegangen war,[2]) doch wird sein Einfluss kein allzugrosser gewesen sein. Trotz der darauf folgenden schlechten Leitung hatte das regelmässige Schauspiel langsam, aber stetig an Boden gewonnen, und das Verzeichnis der 1768 gegebenen Stücke wies bereits die Hälfte „studierte" auf. Auf dem von Sonnenfels gearbeiteten Programme waren noch viel mehr angesetzt.[3]) Dass dasselbe nicht in Gänze durchgeführt wurde, ist Schuld des schlechten Verhältnisses, das zwischen Sonnenfels und Hilverding bald eingetreten zu sein scheint, und des Uebergangs der Bühnenleitung an Affligio. Dass sogar der Reformator selbst gezwungen war, die Theaterabende mit dem Hans Wurst zu theilen, das war, wie er selbst an anderer Stelle bemerkt, „ein Opfer der Anhänglichkeit für Herrn Prehauser, der seiner grossen burlesken Talente wegen diese Anhänglichkeit einigermassen rechtfertigte". Anfangs 1769 folgte dem ein Jahr früher verstorbenen Weisskern der zweite alte Vertheidiger der Posse nach, der „grosse Pan" starb, und mit ihm starb auch der letzte Hans Wurst, das letzte Bollwerk der Fratze, der Mann, dessen Autorität selbst für einen Sonnenfels unübersteiglich war. Prehauser[4]) war ein Wiener Kind und betrat 1716, 17 Jahre alt, das erste Mal die Bühne. Auch er machte seine Schule bei einer italienischen Truppe durch, durchreiste dann Böhmen und Mähren und endlich Salzburg, wo er seinen Hans Wurst ausbildete, in welcher Rolle er 1720 zuerst auftrat, um fünf Jahre später

---

[1]) Wurzbach, Biogr. Lex.
[2]) Wilibald Müller bezieht dies Alles auf Affligio, was kaum anzunehmen ist.
[3]) Briefe über die Wiener Schaubühne. Ges. Schr. VI, 434.
[4]) Siehe Wurzbach, bei dem aber noch lange nicht alles Materiale verarbeitet ist.

von Stranicky nach Wien verschrieben zu werden. Prehauser war ein genialer Schauspieler und verfügte ausser über einen gemüthlichen Humor auch über einen beissenden satirischen Witz, für den er nicht selten durch Geld und Arreststrafen hatte büssen müssen. Seine Stücke sind volksthümlich und nicht ohne Geist, und eine Vergleichung mit den ersten Stücken der Vorkämpfer für die regelmässige Schaubühne zeigt uns, dass mancher von ihnen ein keineswegs höher stehender „Dichter" war als der so schwer bekämpfte Hans Wurst.[1]) Sonnenfels achtete in ihm stets den tüchtigen Schauspieler: „Für die Väter im niedrigen Fache, wo in der Welt würde man eine schicklichere Person für sie finden als Prehauser? Dieser Schauspieler verkennt sich selbst, er thut seiner Fähigkeit das grösste Unrecht an, wenn er den Beifall, den er für sich ganz zu fordern berechtigt ist, mit seiner Jacke theilt".[2]) Aehnlich urtheilte Sonnenfels über Weisskern, den er ebenfalls als einen vortrefflichen Schauspieler rühmt, „wenn die Fratze und das Extemporieren nicht zugleich an ihm einen ihrer Grundpfeiler gehabt hätten".[3]) Beide mussten sich übrigens späterhin dennoch dazu bequemen, auch in gelernten Rollen mitzuspielen, und als 1786/87 Joseph II. die Porträtgallerie des Burgtheaters anlegen liess, fanden sie mit Recht unter den Ersten ihren Platz darin.

Ausser dem Tode der beiden Stützen der Burleske waren es die schlechten Geldverhältnisse d'Affligios, die die langersehnte Besserung des Theaters herbeiführten. Freiherr von Bender, ein reicher Banquier, übernahm gegen ein Darlehen von 50.000 fl. die Leitung der deutschen Bühne, setzte Heufeld zum Director ein, und nachdem man

---

[1]) Bekannt ist das von Laube aus Anlass seines historischen Lustspielabends aufgeführte: „Hans Wurst, der traurige Kuchelbäcker oder der Freund in der Noth." Zum ersten Male 1729 aufgeführt. (Wien 1876.)

[2]) Ges. Schr. VI, 146.

[3]) Ibid. V, 389.

am 26. Januar 1769 den Vertrag abgeschlossen hatte,[1])
erliess die neue Unternehmung den vom 25. Januar da-
tierten Aufruf „Nachricht an das Publicum".[2]) Sie beginnt
mit einer rein Sonnenfelsischen Phrase: „Das angenehmste,
lehrreichste, das unschuldigste Vergnügen' für den Bürger
des Staats ist unstreitig eine wohleingerichtete Schaubühne.
Ist diese Schaubühne national, macht sie das herrschende
Laster und die Thorheiten lächerlich, so wird das Vergnügen um desto mehr erhöht, und auch der niedrigste
Bürger lernt das wahre Gute und Schöne kennen. Der
gute Geschmack verbreitet sich auf die ganze Nation."
Die neue Direction versprach die geschicktesten Schauspieler nach Wien zu ziehen, ein möglichst abwechslungs-
reiches Repertoire, und endlich lud sie alle in- und aus-
ländischen Autoren zu dramatischen Beiträgen ein, indem
sie hundert und mehr Gulden für ein gutes Stück geben zu
wollen erklärte, falls sie es zur Aufführung bringt.[3]) Sie
räth den Dichtern am nachdrücklichsten Handlung, „immer
ein wenig zu viel Handlung", gut ausgearbeitete Charaktere,
eine jedem Charakter angemessene gute Sprache an und
bittet, das Locale so viel als möglich zu vermeiden, wenn
es nicht auf die Wiener Sitten geht. Die Gründe der Nicht-
annahme würden in einem neuen Theaterblatte erscheinen.[4])

Die Vorstellungen begannen am 27. März. Dieses war
die Zeit, wo Sonnenfels wieder in Action trat, um sein
Reformwerk nun auch wirklich mit kaiserlicher Unter-
stützung zu Ende zu führen. Nach dem Tode Prehausers
hatten die Schauspieler unter sich beschlossen, nur mehr
regelmässige Stücke aufzuführen.[5])

---

[1]) S. Wlassak S. 19.
[2]) Wiener Diárium 1769, zu Nr. 16.
[3]) Diese „Belohnungen" für eingereichte Stücke werden gewöhnlich
irrthümlich als Preisausschreibungen bezeichnet, was sie keineswegs sind.
Sie sind nichts als ein Honorar für die Dichter.
[4]) Klemm's Dramaturgie.
[5]) Schmidt, Chronologie 282.

Aber eine Reise zwang Baron Bender, seinen Vertrag mit d'Affligio zu lösen und Mitte September die Leitung der Bühne niederzulegen. Affligio, der dieselbe nun wieder übernehmen musste, war auf diese Weise aller Geldmittel von Neuem beraubt und griff zu seinem alten Auskunftsmittel, dem Extemporestück. Eine Vorstadtgesellschaft, die sogenannte „Badnertruppe" unter Karl Menninger's Direction, gab ihm dazu Gelegenheit. Diese aus Baden-Baden abgeschobene Truppe war mit ihrem „Kasperltheater" und ihrem Stern Johann Laroche (Kasperl) nach der Leopoldstadt gezogen, wo sie als Carricatur der alten Hans Wurstiaden weiterlebte.[1] Diese sollte nun in das Kärntnerthortheater hinüber geschmuggelt werden, um den Unternehmer zu retten. Diesmal waren es aber die beleidigten Schauspieler, die zusammentraten, den Ruf des kaiserlichen Theaters zu retten. In ihrem Namen verfasste Stephanie der Aeltere eine Eingabe an den Grafen Sporck, der das Hofamt eines General-Spectakeldirectors bekleidete, worin sie, sich auf ihre neuen Contracte stützend, sich weigerten, in extemporierten Stücken mitzuwirken. Graf Sporck überreichte die Bittschrift der Kaiserin und auch Sonnenfels setzte nun seinen ganzen Einfluss bei Hofe ein, gegen das Extempore ein Verbot zu erwirken.

Er trat mit seiner Schrift: „Ueber die Nothwendigkeit, das Extemporieren abzustellen" an Joseph II. selbst heran: dem er dieselbe als Relation überreichte. Diese nochmals Alles zusammenfassende Schrift[2] lautet:

„Die wiederholten Vorstellungen, welche ich an das Publicum über die nothwendige Verbesserung des National-schauspiels gemacht, haben endlich bei einem grossen Theile desselben die Wirkung hervorgebracht, dass man mit einer Art Schamröthe in diejenigen Zeiten zurücksieht, wo in

---

[1] Jaro Pawel a. a. O., S. 9.
[2] Brünner Zeitung, Intelligenzblatt 1770, Nr. 16.

der ansehnlichsten Hauptstadt Deutschlands, am Sammel-
platze des gewähltesten Adels, in dem Orte, wohin häufig
Fremde nicht mehr durch ihre Geschäfte als durch ihren
Wunsch gezogen werden, eine Fürstin zu sehen, welche die
Liebe des Volkes und die Bewunderung Europas ist, dass
man es da als ein Vergnügen ansah, den abgeschmacktesten
Fratzen eines Possenreissers, den elendesten Stücken ohne
Witz, ohne Zusammenhang, sehr oft ohne Menschenverstand
einige Stunden des Abends zu schenken und zu solchem
Unsinn gar oft mit seinem Beifalle zu ermuntern.

„Die Ueberzeugung ist gleichwol nicht so allgemein,
dass die Zote und das Fratzenspiel nicht noch immer so
viele und mächtige Anhänger haben sollten, welche die
Erschütterung ihrer Lunge der Bildung der Nation vorziehen und durch geheime Wege den nur erst keimenden
guten Geschmack zu ersticken alle Mühen daran wenden.

„Die Ausländer müssten staunen, wenn ihnen die Namen derjenigen bekannt wären, welche, uneingedenk des
Ranges, den sie bekleiden, gar nicht geheim sich an die
Spitze der Possenreisserrotte stellen und durch ihren Namen,
den sie zur Beförderung des Geschmackes herzuleihen sich
nie erbitten liessen, die Partei der Unsittlichkeit ansehnlich
und mächtig machen.

„Das was ich in dem so lange währenden Kampfe mit
der Partei der Possenspieler ertragen habe, giebt mir ein
Recht, und mein Lehramt, welches mit allem demjenigen
zusammenhängt, was auf die Bildung und Denkungsart der
Nation einen Einfluss haben kann, macht es mir gewissermassen zur Pflicht, die Sache des gesitteten Schauspiels
zu vertreten und gegenwärtige Vorstellung zu dem Fusse
des Thrones niederzulegen. Jedermann wird bei einer nicht
allzugrossen Anstrengung etwas Unzusammenhängendes
darin finden müssen, dass der hohe Adel sich für das
französische Schauspiel so viel Mühe giebt, indessen das

Nationalschauspiel gleichsam nur als ein zufälliger Theil angesehen und sich selbst überlassen wird.[1])

„Von welcher Seite immer die Schaubühne betrachtet werde, so ist es sehr leicht darzuthun, dass die Sorgfalt unter beide Theater zum Wenigsten gleich getheilt sein sollte, wenn nicht viel mehr das Theater der Nation dieselbe vorzüglich auf sich ziehen muss. Die Gründe, welche für das französische Schauspiel angeführt werden, bestehen hauptsächlich darin:

„1. Hof und Adel müssten ein Schauspiel haben, das ihrer würdig sei.

„2. Die Fremden, deren Zusammenfluss sehr gross, müssten hier ein anständiges Schauspiel finden.

„3. Die französische Bühne müsse als ein Muster, nach welchem sich die deutsche Bühne bilden soll, erhalten werden.

„Der erste Grund enthält ein freiwilliges Geständnis; man findet die deutsche Schaubühne also beschaffen, dass sie den Hof und Adel zu unterhalten unwürdig sei. Enthält nun aber dieses Geständniss nicht zugleich den Vorwurf, dass man die deutsche Schaubühne bis hierher vernachlässigt, dass man es verabsäumt habe, sie der Gegenwart des Hofes und des gesitteten Theiles der Nation würdig zu erachten? Enthält es nicht zugleich einen dringenden Grund mit ihrer Verbesserung anzufangen? Hat man in Frankreich oder England sich eher angelegen sein lassen, das fremde Theater auf guten Fuss zu setzen, oder hat man vor Allem daran gedacht, das Nationaltheater zu verbessern?

„Soll denn der deutsche Schauspieler ewig auf die Ehre verzichten, seinem Fürsten, dem edleren Theile der Bürger ein Vergnügen zu verschaffen? Soll Deutschland ewig verurtheilt sein, ohne anständiges Schauspielhaus zu

---

[1]) Der Adel hatte z. B. Affligio zur Erhaltung der französischen Bühne einen jährlichen Zuschuss von 25.000 fl. für zwei Jahre versprochen. S. Wlassak S. 18.

bleiben? Wien allein kann sich diesen Ruhm erwerben, alle Umstände sind hiezu vorzüglich günstig, und da wir ohnehin an den übrigen Seiten der Verfeinerung des Geschmackes einen so geringen Antheil haben, da wir an den Beiträgen zu der Besserung desselben von jeder kleinen deutschen Provinz uns haben übertreffen lassen, sollten wir nicht begierig nach dem einzigen Mittel greifen, welches nun noch übrig ist, in der Geschichte Deutschlands einen Platz zu verdienen?

„Wenn wir allenfalls unempfindlich genug gegen den Ruhm sein sollten, wenigstens darf es uns nicht gleichgiltig sein, von allen Provinzen Deutschlands, von allen Fremden uns Verachtung zuzuziehen, von hundert Orten den Vorwurf zu vernehmen: dass Wien der Fratze, der Unanständigkeit einen Zufluchtsort gestatte, während dieselbe sogar von jeder kleinen wandernden Bühne des übrigen Deutschlands verscheucht worden. Ich weiss nicht, welchen Antheil ein grosser Theil meiner Mitbürger an dem Ruhme oder der Schande der Nation nehmen: aber ich fühle, dass mir bei solchem Vorwurfe das Blut in die Stirne tritt, und dass die Begierde, die Nationalschande von uns zu wälzen, mich wenigstens eben so sehr auf dem Wege meiner Anwendung angespornt habe, als das Vergnügen, so die schönen Wissenschaften gewähren, oder die Ehre, die ihre glücklicheren Verehrer einst krönen mag.

„Ich will meiner Freimüthigkeit keinen Einhalt thun. Ist der Regent, ist der grosse Adel der einzige Gegenstand der öffentlichen Aufmerksamkeit? Verdient der Bürger, welcher zu dem allgemeinen Wohle nicht minder beiträgt, dass man seiner gar nicht gedenke? Giebt es nicht mehrere Classen der unteren Bürger, welchen der Staat nach durchgearbeitetem Tage eine Erholung zu verschaffen verpflichtet ist?

„Wäre es nun aber gleichgiltig, diesen Theil der Bürger entweder in eine Gauklerbude hinzuschicken, wo sie die Albernheiten eines Possenreissers und seine Unfläthigkeiten mit Ekel anhören müssen, oder ihnen ein gesittetes Vergnügen zu verschaffen, wo sich· ihre Stirne, ohne den Anstand schamroth zu machen, aufheitern kann?

„Der Mann aus der mittleren Classe bedarf es sogar weit mehr, dass der Staat ihm eine anständige Ergötzung zu verschaffen suche, als der Adel; diesem kann es bei seinem grossen Vermögen an Ergötzlichkeiten nicht fehlen, indessen der eingeschränkte Aufwand, den die unteren Classen zu machen fähig sind, sie auf die Schaubühne hauptsächlich herabsetzt, und wenn man sie dieser Ergötzung beraubt, auf solche zu verfallen verleitet, die den Sitten nachtheilig sind und die Polizei ihre Verrichtungen um ein Gutes vermehren.“

Man sieht, dass alle alten Argumente endlich direct an die richtige Adresse gelangen. Der nationale Sinn des Kaisers, der ja später das französische Theater überhaupt aufgelassen hat, war für den einen Theil der Gründe ebenso empfänglich, als seine Humanität für den andern. Auch verfehlte Hofrath von Gebler nicht, die Eingabe Sonnenfels' zu unterstützen, wofür ihm derselbe später ausdrücklich das grösste Verdienst um die gesittete Schaubühne zuschreibt: „Wien würde vielleicht auch jetzt Hans Wurste und Bernardone und den ganzen Unsinn von extemporierten Stücken haben, wenn meine Vorstellungen nicht durch Staatsrath von Gebler so kräftig wären unterstützt worden,“ schreibt er in seiner Autobiographie.[1]) Der Erfolg war eine kaiserliche Entschliessung, dass allen fremden Truppen das Spielen verboten und das Extemporieren ¸streng untersagt wurde. d'Affligio war in Verzweiflung und in dieser verschrieb er Kurz-Bernardon wieder nach Wien. Kurz hatte sich während der Zeit in Prag aufgehalten, 1765 in München die Theaterdirection geführt und kehrte gerne nach der Stätte seiner alten Triumphe zurück. Der Unter-

---

[1]) 1775 In De Luca, Gel. Oesterr. 1779.

nehmer [1]) überreichte dem Kaiser ein Promemoria, es möge ihm hinsichtlich der schlechten Lage des Theaters das Extemporestück mit Bernardon wieder gestattet werden. Er legte ein langes Verzeichniss der aufgeführten Stücke bei, in dem er durch die beigefügten Bemerkungen „gefällt, gefällt sehr, gefällt nicht,"[2]) die geringe Anzahl der zugkräftigen regelmässigen Stücke darzulegen suchte. Allerdings erklärt J. H. F. Müller [3]) das ganze Verzeichniss als voll von falschen Angaben.

Auf diese Weise war ein gefährlicher Rückfall in Aussicht. Aber von Neuem reichte Sonnenfels mit Gebler die Vorstellung ein und das Gesuch Affligios wurde mit Decret vom 4. Januar 1770 abschlägig beschieden, das Extempore nochmals strengstens untersagt.

Trotzdem wollte Affligio Bernardon nicht so leicht wieder ziehen lassen, um so mehr, als ihm dieser durch seine hohen Gönner auch finanziell zu Hilfe kam. Denn er hatte noch immer eine grosse Partei, unter der sich nicht wenig ahnenreiche Herren befanden, die sich um seinetwillen leicht zu Vorschüssen bewegen liessen. Deshalb, wol auch mit dem Gedanken, dass Befehle nicht immer ausgeführt werden, bestellte er Kurz zu seinem Director und liess ihn doch auftreten. Aber das regelmässige Schauspiel hatte gesiegt. Bernardon trat in der „Serva padrona", die „Herrschaftsküche" und „Weiber- und Bubenbataillone" anfangs unter grossem Zudrang des Publicums auf, misfiel aber vollständig. Indessen auch Gebler war nicht müssig, der Befehl sollte nicht unausgeführt bleiben; er setzte es durch, dass mit 15. März Sonnenfels zum Censor der Bühne mit fast unbeschränkter Vollmacht bestellt wurde,

---

[1]) Er fand bald in Baron Lopresti und Ritter von Gluck neue Gesellschafter. S. Wlassak S. 19.

[2]) Ayrenhoff's „Postzug" und Lessings „Minna" werden mit „gefällt sehr" bezeichnet.

[3]) A. a. O.

und damit war die staatliche Aufsicht, die dieser stets gefordert hatte, in seiner eigenen Person activiert. Die auf seine Anstellung bezügliche Instruction [1]) des Kaisers an den Grafen Chotek enthält fast alle Vorschläge und Wünsche Sonnenfels' erfüllt.

Die Censur soll „nichts zulassen, was gegen Religion, Staat oder die guten Sitten ist; oder offenbarer Unsinn oder Grobheit, folglich des Theaters der Hauptstadt unwürdig ist". Ebenso müssen alle, auch die schon aufgeführten Stücke dem Censor unterbreitet ·werden. Sogar die Theaterzettel unterliegen seiner Aufsicht. Die Paragraphe 4 und 5 lauten:

„4. Nachdem ohnehin schon das Extemporieren verboten, ist den Schauspielern alles geflissentliche Zusetzen, Abändern oder aus dem.Stegreif, ohne vorgängige gleichmässige Billigung der Censur, an das Publicum stellende Anreden auf das Schärfste und mit der Bedrohung durch die Regierung zu untersagen, dass auf den ersten Uebertretungsfall ein dergleichen Acteur oder Actrice ohne Unterschied, wer er sei, allsogleich nach geendigtem Schauspiele in Arrest gebracht, bei dem zweiten Uebertretungsfalle aber der- oder dieselbe unnachsichtlich vom Theater abgeschafft werde."

„5. Wird der Censor entweder selbst oder durch Andere, für die er gutzustehen hat, insbesonderheit auf die Execution der Stücke die genaueste Aufsicht tragen, damit die Sittsamkeit ebensowenig durch Geberden oder Gebrauchung unanständiger, in dem zur Censur gegebenen Aufsatz nicht bemerkten, sogenannten Requisiten oder Attributen nicht verletzet werde, als worauf die nämliche Strafe wie auf das Extemporieren gesetzt ist."

Damit war Kurz der Boden vollständig entzogen. Seine Partei musste das Spiel verloren geben; freilich that sie dies nicht, ohne noch einmal Rache an Sonnenfels zu nehmen.

---

[1]) Archiv der k. k. niederösterreichischen Statthalterei. Abgedruckt bei Franz Kopetzky.

Als der bekannte Kupferstecher Schmutzer sein Bildnis
gestochen hatte, arbeitete Landerer in demselben Formate
als vollständiges Gegenstück des ersten dasjenige Bernardons aus und beide wurden nebeneinander in den Schau-
fenstern ausgehängt. Dieser letzte Ausbruch ohnmächtiger
Wuth gieng fast unbeachtet vorüber.

Kurz selbst verliess plötzlich das undankbare Wien,
das in der „Judenschule" seinen alten Liebling ausgepfiffen
hatte, um nach mannigfacher Wanderung in Warschau als
Theaterprincipal mit der polnischen Freiherrnwürde be-
kleidet zu sterben.

Auch Affligio konnte sich nicht behaupten und mit
31. Mai 1770 übernahm sein Hauptgläubiger Graf Koháry
das Theater und Sonnenfels wurde sein Rathgeber; er veröffentlichte am 14. August die Ankündigung der neuen
Direction, trat überhaupt, nachdem die gesittete Bühne er-
kämpft war, praktisch in die Leitung derselben ein, wohnte
den Proben bei, lehrte die jungen Schauspieler, kurz war
überall der helfende Freund.

Die Vertreibung des Hans Wurstes traf in eine Zeit,
in der man anderswo in Deutschland wiederum von mancher Seite für denselben Partei nahm und Lessing selbst,[1]
ihn in idealerem Lichte betrachtend, in der Dramaturgie
für ihn gesprochen hatte. Aber in Wien und wol auch anderswo
war der Hans Wurst eine derartig ideale Figur nicht und
hatte sie auch Niemand derartig aufgefasst. Sonnenfels,
der sonst nicht ungerne mit Lessing polemisiert,[2] machte
natürlicher Weise über diese Stelle keine Bemerkung, um
seinen Gegnern nicht selbst das Heft in die Hand zu geben;
wir haben jedoch gesehen, dass auch ihm nie einfiel, die
Berechtigung der Hans Wurst-Figur, der komischen Person
zu läugnen, dass sie aber in diesem Gewande, dem Zote,

---

[1] Hamb. Dram. XVIII.
[2] Siehe z. B. über Roschmanns Ergänzung von Olinth und Sophronia: Ges. Schr. VI, 391 u. a.

Grobheit und Unanständigkeit als unbedingte Nothwendigkeit
derartig angeflickt war, so dass eines derselben ohne das
Andere nicht zu bekämpfen möglich wurde, eine Berechtigung nicht hatte. Sonnenfels und seinen Freunden war
der Streit gegen die bunte Jacke des Hans Wurstes wirklich der Krieg für Sitte und guten Geschmack.

Dass er das Theater als eine Schule ansah, als eine
Bildungsstätte, die der Staat gleich jedem anderen Institute
erhalten und beeinflussen muss, ist die Folge der ganzen
damals unter Maria Theresia und Joseph II. in Oesterreich
zur Geltung kommenden Ansicht, dass sich Alles zum Nutzen
der Concentration im Einheitsstaate verbinden müsse. Führte
die Ansicht auch zur strengen Censur, so führte sie an-
derentheils auch zum Burgtheater, und es ist überhaupt zu
bezweifeln, ob unter den damaligen Umständen auf eine
andere Weise eine Hebung der Bühne und speciell des
Lustspiels in Wien möglich gewesen wäre: dies um so
mehr, als ein Vergleich der Wirkungen zwischen Wien und
Hamburg, wo Lessing für eine deutsche Nationalbühne
kämpfte, erkennen lässt, welche Bahn die praktischere war.
Während der reine Aesthetiker Lessing an der Erreichung
seines Zieles vollständig verzweifelte, konnte der Staats-
mann Sonnenfels seine Wirksamkeit mit den letzten Worten seiner „Briefe über die Wiener Schaubühne“ trium-
phierend beschliessen: „Fand das Schicksal keine anderen
Wege, die Verbesserung der Bühne und des gesitteten Ver-
gnügens herbeizuführen, forderte der Geschmack eine so
grosse Versöhnung, so beklage ich mich nicht mehr, ihr
Götter; um diesen Preis lasse ich mir auf den Parnass versetzte ‚grüne Hüte‘ und ‚Kritiken des Geburtstages‘ gefallen.“